# 일보후퇴
## 십보전진

## 일보후퇴 십보전진

**초판 1쇄 발행** 2020년 1월 6일

**증보자** 김기철
**저자** 신복순
**펴낸이** 장길수
**펴낸곳** 지식과감성#
**출판등록** 제2012-000081호

**디자인** 김주애
**편집** 안영인, 김주애
**교정** 정은지
**마케팅** 고은빛

**주소** 서울시 금천구 벚꽃로 298 대륭포스트타워 6차 1212호
**전화** 070-4651-3730~4
**팩스** 070-4325-7006
**이메일** ksbookup@naver.com
**홈페이지** www.knsbookup.com

ISBN 979-11-6275-942-4(03390)
값 15,000원

ⓒ 김기철 2020 Printed in Korea

잘못된 책은 구입하신 곳에서 바꾸어 드립니다.
이 책의 전부 또는 일부 내용을 재사용하려면 사전에 저작권자와 펴낸곳의 동의를 받아야 합니다.

이 도서의 국립중앙도서관 출판예정도서목록(CIP)은 서지정보유통지원시스템
홈페이지(http://seoji.nl.go.kr)와 국가자료공동목록시스템(http://www.nl.go.kr/kolisnet)에서
이용하실 수 있습니다. (CIP제어번호 : CIP2019052909)

홈페이지 바로가기

남을 알고 나를 이기는 인생의 지혜

# 일보후퇴
# 십보전진

실전 전략기획 전문가가 집필한 생존 전략서

증보자 김기철
저 자 신복순

바위를 부수는 것은
천둥의 굉음과 번개의 강한 빛이 아닙니다.
틈새에 스며들어 얼기와 녹기를 반복하는
아주 적은 양의 물입니다.

지혜감정#

## | 목차 |

증보자의 말 6

**제 1 장 | 전략의 기본 개념을 이해해야 합니다 9**
　　　　　　강함보다 끈질김입니다.
　　　　　　결코 포기하지 않고 노력해야 합니다.

**제 2 장 | 무엇을 할 것인가를 정해야 합니다 35**
　　　　　　목표를 명확하게 설정하고
　　　　　　목표를 잊지 않아야 합니다.

**제 3 장 | 사람을 이해해야 합니다 57**
　　　　　　사람의 내면은 유사하지만,
　　　　　　천성은 각기 다르며 바뀌지 않습니다.

**제 4 장 | 사람을 모으고 조직을 잘해야 합니다 87**
　　　　　　이익이 있으면 몰려오고,
　　　　　　손해가 예상되면 멀리 피하는 것이
　　　　　　당연한 모습입니다.

제 5 장 | 지휘를 잘해야 합니다 117
        법에 의한 통제는 순종하게 하고,
        인자함은 방종을 낳습니다.

제 6 장 | 생존을 위한 전략을 세워야 합니다 137
        이기고 살아남아야 합니다.
        패하고 살아남으면 안 됩니다.

제 7 장 | 강자에 대비한 전략을 세워야 합니다 165
        강자가 패한 경우가 더 많습니다.
        승부의 결과는 확정된 후에 말할 수 있습니다.

제 8 장 | 목표 달성 후의 전략을 세워야 합니다 189
        떠나야 할 때를 알아서
        스스로 물러나야 합니다.

부 록 1 | 전략가의 기본 자세 211

부 록 2 | 병서와 전략서를 남긴 전략가들 229

# | 증보자의 말 |

　집 안에 있는 자료를 활용하여 『일보후퇴 십보전진』이라는 이름으로 삶의 지혜를 담은 전략서를 1996년도에 집사람과 함께 냈습니다. 당시 많은 분들께서 칭찬과 격려의 말씀을 주셨는데, 책의 이름은 그대로 하고 일부를 제가 보완하여 새롭게 발간했습니다. 앞으로도 계속 발전시켜 전 세계인으로부터 사랑받는 실생활 전략서가 되도록 노력하겠습니다.

　중국이 자랑하는 병서는 7권으로 '병가 7서'라고 합니다. 강태공의 『육도』, 장량의 『삼략』, 손무의 『손자병법』, 오기의 『오자병법』, 사마양저의 『사마법』, 울료의 『울료자』, 이정의 『이위공문대』 등입니다. 그 병서들을 읽을 때마다 한 글자, 한 글자에 담겨 있는 의미는 정말로 대단하다는 생각입니다. 책을 남기신 그분들을 진심으로 존경합니다.

　대단한 내용을 담은 전략서도 필요하지만, 이론은 이론일 뿐입니다. 실전이 중요합니다. 이 책에는 실생활에 적용할 수 있도록 적절한 사례를 선정하여 예문으로 실었습니다.

최선을 다했지만 부족한 부분과 오류가 있을 것입니다. 그에 대하여는 독자 여러분의 질책과 조언을 기다리겠습니다.

증보자 김기철 배상

## 제 1 장

# 전략의 기본 개념을 이해해야 합니다

강함보다 끈질김입니다.

결코 포기하지 않고 노력해야 합니다.

# 1
유약(柔弱)함이 최상입니다.
유약하고 유연하며 끈질겨야 합니다.

【물의 힘】

물은 어떤 특정한 모습을 고집하지 않으며, 융통성을 발휘합니다. 자신을 담는 그릇의 모양이 바뀌면 거기에 맞추어 자신의 외형을 바꿉니다. 또 흐르다가 장애물을 만나면 피해 가고, 피해 가지 못하면 낮은 곳으로 모입니다. 낮은 곳으로 모이다가 거대한 양이 되면 가로막고 있던 것을 무너트린 후 흔적까지 없애 버립니다. 자신이 약할 때는 순리를 따르며 무한히 굽히지만, 모여서 힘이 강해지면 엄청난 힘을 발휘하는 존재가 물입니다.

강하고 견고함보다 물처럼 유약하고 유연함을 강조하는 것은 이 세상에 존재하는 병서들이 공통적으로 제시하는 개념입니다. 전략을 가르치시는 분들께서도 강의할 때 빠트리지 않는 내용입니다.

▽ 바위를 부수는 것은 천둥의 굉음과 번개의 강한 빛이 아닙니다. 틈새에 스며들어 얼기와 녹기를 반복하는 아주 적은 양의 물입니다.

# 2 이상향을 고집하면 곤란합니다.
현실을 직시하면서 미래를 추구해야 합니다.

### 【성인(聖人)과 전략가의 차이】

 소크라테스(Socrates, 고대 그리스 철학자, BC469-BC399)는 70세가 되었을 때 사형 선고를 받고 독약을 마셨습니다. 국가에서 신성시하는 신보다 인간의 혼(魂)을 더 중요하게 여겼고, 그런 자신의 사고를 청소년들에게 가르쳤기 때문에 신에 대한 불경죄와 청소년 선동죄로 사형이 집행된 것입니다.

 소크라테스가 고발당했을 때, 사형을 선고받게 될 것을 염려한 이웃들이 그를 돕겠다고 하며 도피를 권했습니다. 그러나 소크라테스는 이웃의 제안을 거절하고 법정에서 자신을 위해 직접 변론하다가 사형 선고를 받고 죽음을 맞이했습니다. 어떤 것이 옳은지는 신만이 안다고 하며 '악법도 법이다'라는 자신의 철학을 지키기 위해 버티다가 죽음을 맞았습니다.

 『손자병법(孫子兵法)』의 저자인 손무(孫武, 춘추시대말기 인물, BC 5세기경)의 후손으로 알려지고 있는 손빈(孫臏, ?-?)은 외국에서 일하던 도중 친구인 방연의 모함으로 얼굴에 문신이 새겨지고 두 다리가 잘리는 형을 받은 후 투옥되었지만, 미친 사람처럼 행동하여 감옥에서 풀려난 후 조국인 제(齊)나라로 탈출하고 자신을 모함한 방연에게 복수했습니다.

손빈은 소크라테스처럼 현행법을 따르며 현실에 수긍하다가 죽음을 맞기보다는, 적극적인 방법을 모색하여 탈출한 후 복수하는 길을 택했습니다. (이 이야기는 부록 2에 상세하게 기술했습니다.)

▽ 소크라테스처럼 자기 개인, 혹은 일부의 사람이 추구하고 있는 이상을 동경하며 이를 달성하겠다고 고집하면 곤란합니다. 현실을 꿰뚫고, 자신이 생존하고 있는 현실 내에서, 또한 자신이 살아 있는 상태에서 목표를 달성해야 합니다. 자신의 목숨을 바쳐 목표를 달성하겠다는 식이면, 그것은 잘못된 전략입니다. 자신이 온전히 살아 있는 상태에서 목표를 달성하는 것이 제대로 된 전략입니다. 자신의 생존, 즉 자신이 살아남는 것보다 더 중요한 것은 없습니다.

▽ 전략이라는 용어의 정의는 확정(공인)된 것이 없습니다. 따라서 전략을 연구하는 사람마다 자신이 연구하는 방향과 범위에 맞추어 나름의 정의를 만들기도 하는데, 이 책에서는 전략의 개념을 '목표 달성을 위한 수단과 방법을 강구하는 사고의 체계'로 생각했습니다.

# 3 역경이 수반되지 않는 일은 없습니다.
역경을 극복해야 합니다.

### 【월(越)나라 왕 구천(句踐)의 역경】

 중국의 춘추시대(春秋時代, BC722-BC481)는 중국이 100여 개의 작은 국가로 분리된 시기여서 국가 간의 전쟁이 끊이지 않았고, 각국마다 내부에서 벌어지는 권력 투쟁과 신하의 반란으로 기기묘묘한 술수, 계략, 끔찍한 사건이 많았습니다.
 그 국가들 중에서 양자강 이남에 위치한 오나라와 월나라는 앙숙이 되어 왕인 아버지의 대를 이어 자식들까지 30여 년간 끊임없이 전쟁했는데, 어찌나 악착같이 싸웠던지 『손자병법』에 철천지원수 지간의 예로 '오월동주(吳越同舟)'라는 성어가 만들어져 기술되어 있습니다.

 오나라 왕 합려(闔閭, 재위 BC514-BC496)가 월나라를 공격하던 중 독화살에 맞았습니다. 합려는 아들 부차(夫蹉, 재위 BC496-BC473)를 불러 "원수를 잊지 말라"라고 유언한 후 눈을 감았습니다. 부친의 사망으로 철군한 부차는 잠을 잘 때 장작을 쌓아 놓고 그 위에 자리를 펴고 잤습니다. 방문 앞에는 사람을 세워 놓고 자신이 들락거릴 때마다 "부차야, 아비의 원수를 잊었느냐?"라고 크게 외치게 했습니다. (이 이야기가 장작더미 위에 눕다, 즉 '와신(臥薪)'의 출처입니다.)

그 소식을 들은 월나라 왕 구천(句踐, 재위 BC497-BC465)은 오나라를 기습 공격했으나, 회계산에서 크게 패했습니다(BC494). 패한 구천은 살아남기 위해 그의 부인을 부차의 첩으로 삼고, 자신은 부차의 종이 되는 조건으로 항복했습니다.

하루아침에 왕에서 종으로 전락한 구천은 자신을 죽이려는 부차를 달래기 위해 부차에게 남다른 충성심을 보였습니다. 부차의 마구간 청소 등 궂은일을 솔선하고, 또 언젠가는 부차가 열병이 나서 설사를 한다고 하자, 일부러 부차를 찾아가 부차가 보는 앞에서 부차가 배설해 놓은 설사를 찍어 먹었습니다. 그리고는 "변의 맛이 신 것으로 보아 곧 쾌유할 것입니다. 천만 다행입니다"라고 위로했습니다. 부차는 어리석게도 그와 같은 구천의 행동에 감격하여 "구천이 이제 나의 가장 충직한 신하가 되었다"라고 말하며 구천을 월나라로 돌려보냈습니다.

구사일생으로 본국으로 돌아온 구천은 국력을 키우기 위해 백성들과 함께 직접 농사를 짓고, 다른 일도 백성들과 함께 했습니다. 잠자리에 들 때나 음식을 먹기 전, 혹은 일을 하지 않고 있을 때는 동물의 쓸개를 핥으며 "너는 회계산의 치욕을 잊었느냐?"라고 스스로 되뇄습니다. (여기까지가 '상담(嘗膽)', 즉 쓸개를 핥는다는 용어의 출처입니다.)

위와 같이 노력한 구천은 회계산에서 패한 지 20년 만에 오나라를 멸망(BC473)시키고 부차를 자결시켰는데, 그가 겪었던 수모와 역경, 노력이 어느 정도였는지는 독자분들께서 충분히 상상하실 수 있을 것입니다.

▽ 오나라 왕 부차와 월나라 왕 구천 때문에 만들어진 '와신상담(臥薪嘗膽)'이라는 고사성어는 '장작더미 위에서 잠을 자고 동물의 쓸개를 핥는다'는 의미로, 재기를 위해 혼신의 노력을 행함을 말합니다.

▽ '오월동주'는 『손자병법』에 기술되어 있는데, 아무리 사이가 나쁜 원수지간일지라도 같은 배를 타면 목적지에 도착할 때까지는 (배가 가라앉지 않게 하기 위해) 싸우지 않는다는 이야기입니다. 공동의 위험이 닥치면 이를 극복하기 위해 원수끼리도 협력함을 의미합니다.

▽ 역사적인 영웅들은 자신에게 닥친 역경을 극복했습니다. 역경을 극복해 냈기 때문에 영웅이 될 수 있었습니다.
칭기즈칸(成吉思汗, ?-AD1227)은 9살의 어린 나이에 아버지가 독살당하여 홀로 지내며 온갖 고생을 했지만, 인류 역사상 그보다 더 넓은 영토를 정복한 사람이 없습니다.
종교인 동시에 사회 조직의 원리이기도 한 이슬람교는 유대교와 그리스도교의 탄생지에서 창시되었습니다. 마호메트(Muhammad, AD570-AD632)와 초기 이슬람교도들은 다신교를 숭배하는 세력에게 쫓겨 다녔지만, 닥친 역경을 극복하고 이슬람교를 세계적인 종교로 만들었습니다.
코르시카섬에서 가난한 귀족의 아들로 태어난 나폴레옹(Napoleon, AD1769-AD1821)은 군인에서 프랑스 제1 제국의 황제가 되었으며, 러시아 원정 실패 후 엘바섬에 유배되었다가 탈출하여 재즉위, 그 후 워털루 전투에서 패하여 세인트헬레나섬에 유배되어 생을 마쳤습니다. 포병 장교에서 황제가 되고, 폐위된 후 유배, 탈출 후 재즉위, 전쟁에서 패한 후 재유배 등의 과정에서 수많은 고난과 시련을 겪었지만 그는 "불가능은 없다"라는 말을 남겼습니다. (유럽의 역사상 가장 많은 전투에 참여하여 가장 많은 횟수의 승리를 기록한 사람은 나폴레옹입니다. 그다음으로 많은 전투에 참여하여 단 한 번도 패한 적이 없는 사람은 시저(Julius Caesar, BC100-BC44)입니다.)

▽ 중국 춘추시대(春秋時代)와 전국시대(戰國時代)의 구분은, 공자(孔子, BC551-BC479)가 정리한 역사서 『춘추(春秋)』에 기록된 시기를 춘추시대(BC722-BC481)라 하고, 한(漢)나라의 유학자 유향(劉向, BC77-BC6)이 지은 『전국책(戰國策)』에 기록된 시기를 전국시대(BC481-BC221)라고 합니다. 이 두 시기를 묶어 춘추전국시대라고 하는데, 춘추시대는 BC 11세기경 강태공(姜太公)의 도움을 받은 무왕이 세운 주(周)나라가 쇠약해지면서 100여 개의 제후국들이 존재하며 혼란을 거듭하던 시기였고, 전국시대는 그 많던 국가들이 각기 통합되어 한, 위, 조, 제, 초, 연의 약소한 6개국과 강대한 진나라 등 7개의 국가가 형성된 시기입니다.

# 4 자신이 존재하고 있는 이유와 자신이 달성해야 할 목표를 잊지 않아야 합니다.

【자신의 존재 이유를 잊지 않은 중이(重耳)】

중국 춘추시대의 진(晋)나라 헌공(獻公, 재위 BC677-BC651)은 부인이 죽자 첩인 여희(驪姬)를 부인으로 정했습니다. 여희는 자기가 낳은 자식을 태자로 만들기 위해 태자인 신생이 헌공에게 바치려고 준비한 음식에 자기가 독을 몰래 집어넣고 일부러 발각되게 만들었습니다. 헌공이 먹기 전 신생이 바친 음식을 시험 삼아 고양이에게 먹였는데, 음식을 먹은 고양이가 그 자리에서 죽었습니다.

여희는 울면서 신생이 한 짓이라고 우겼습니다. 신생은 여희가 꾸민 짓인 줄 알았으나 스스로 목을 매어 자살했습니다. 아버지인 헌공은 자기가 없더라도 살아갈 수 있지만, 사건의 전모가 밝혀져 여희가 처벌받아 사라지면 아버지가 심심해할 것이라는 생각에서입니다. 태자인 신생이 자살하자 여희는 나머지 두 왕자인 중이(重耳)와 이오(夷吾)도 공범이라고 우겼습니다. 신생이 음식에 독을 집어넣은 사실을 알고 있었으면서도 말하지 않고 방관했다는 것입니다. 중이와 이오는 살아남기 위해 다른 나라로 도망했습니다.

중이는 적(狄)나라로 도망갔고, 그곳에서 그 나라의 여자와 결혼했습니다. 그 후 강대국인 제(齊)나라로 떠나게 되었는데, 이때 중이는 적나라에서 결혼한 부인에게 "25년 이내에 돌아오지 않으면 재혼하라"라고 했습니다. 이에 부인은 "죽더라도 무덤 속에서 꼭 기다리겠다"라고 답했습니다.

제나라로 간 중이는 그곳에 눌어붙어 살려고 했습니다. 제나라의 환공(桓公, 재위 BC685-BC643)이 중이를 위해 정해 준 여인이 마음에 들었기 때문입니다. 그러자 진나라를 떠날 때부터 중이를 따르던 신하들이 중이에게 술을 먹인 후 중이를 억지로 수레에 태워 제나라를 떠났습니다. 중이가 그곳에 눌어붙어 버리면 중이는 영원히 진나라로 돌아갈 수 없어서 진나라의 왕이 될 수 없기 때문입니다.

중이가 제나라를 떠나기 전, 그 사실을 알게 된 여종 하나가 중이의 제나라 부인에게 찾아가서 중이의 탈출 사실을 고자질했습니다. 이야기를 들은 부인은 그 여종을 그 자리에서 죽였습니다. 크게 될 사람은 떠나야 하는데, 중이가 떠난다는 사실을 환공이 알면 환공이 중이를 죽일 것이 뻔하기 때문입니다. (중이가 크면 자신에게 위협이 될까 봐 중이를 붙잡아 두고 염탐하기 위해 환공이 중이에게 붙여 놓은 여인이 중이의 편이 되었습니다.)

그 후 중이는 많은 나라를 떠돌다가 진(秦)나라의 도움으로 조국을 떠난 지 거의 20년 만에 조국인 진(晉)나라로 돌아가 왕위에 올랐습니다. 왕위에 오른 중이는 자신을 기다리고 있는 부인들을 모두 자기 나라로 데리고 갔습니다.

▽ 중이가 조국으로 돌아와 왕위에 오를 수 있었던 것은 자기 자신의 존재(생명)를 보존하고, 자신의 목표를 잊지 않았기 때문입니다.

진(晉)나라의 왕이 되어 문공(文公, 재위 BC636-BC628)이 된 중이는 그동안 자신을 따르며 고생해 온 신하들에게 상을 내렸으나, 그만 개자추(介子推)라는 신하를 빼먹었습니다. 상을 받지 못해 화가 난 개자추는 중이를 따르느라 근 20년 넘게 제대로 모시지 못한 홀어머니를 모시고 산속으로 들어가 버렸습니다.

뒤늦게 이 사실을 깨달은 문공이 개자추를 불러내어 상을 주려 했지만, 개자추는 산속에서 나오지 않았습니다. 문공은 개자추가 산속에서 나오게 하려고 개자추가 들어가 있는 산에 불을 지르도록 했습니다. 그러나 개자추는 끝내 나오지 않고 불에 타 죽었습니다.

개자추가 불에 타 죽자, 문공은 개자추에 대한 자신의 실수를 속죄하고 그에 대한 애도의 뜻을 기리기 위해 개자추가 불에 타 죽은 그날을 불을 지피지 않는 날로 정했습니다. 2,600여 년 전 문공이 정한 그날이 오늘날의 한식일(寒食日)입니다.

▽ 자신을 감시하는 임무를 지닌 여인이 자신을 위해 다른 사람을 죽일 정도로 충성심을 발휘하게 만들고, 또 주위에 있는 모든 사람들이 그가 왕이 되도록 노력하게 만든 것은, 중이가 그만큼 사람을 포용할 줄 아는 뛰어난 인물이었기 때문입니다.

# 5 대의명분이 좋아야 합니다.
## 민중이 원하는 바를 추진해야 합니다.

【인간의 존엄성, 프랑스대혁명】

인류 역사에 존재하지 않던 '인권'이라는 개념을 인류에게 선물한 프랑스대혁명(1789년 7월 14일-1794년 7월 27일)은 최초에 장 폴 마라(Jean Paul Marat, 1743-1793)라는 선동가(의사, 언론인)와 로베스피에르(Robespierre, 1958-1794)라는 인권 변호사에 의해 진행되었습니다. 혁명 도중 장 폴 마라가 젊은 여성에게 피살당하자, 로베스피에르가 혁명을 주도했습니다.

프랑스의 전성기를 구가하던 루이 14세의 뒤를 이은 루이 15세는 영국과의 북아메리카 영토 분쟁 중 사망했고, 전쟁은 패했습니다. 루이 16세(Louis XⅥ, 재위 1774-1793)는 영국에 대항하여 독립전쟁을 일으킨 미국을 지원하다가 재정을 고갈시켰습니다.

당시 프랑스는 귀족, 성직자 등 상위 2%의 특권층이 국토의 대부분을 소유했고, 흉년으로 인해 많은 국민들이 밀가루를 구입하지 못해 굶주리고 있었는데, 왕과 귀족의 사치는 극에 달했습니다. 또한 루이 16세는 무능했고, 사치스런 오스트리아 출신 왕비 마리 앙투아네트(Marie Antoinette, 1755-1793)는 '평민들이 밀가루가 없어 빵을 못 만들어 굶주리고 있다'라고 하자 '빵이 없으면 고기죽을 먹으면 되지 않느냐?'는 식의 망발을 해 댔습니다. 세상 물정을 너무도 모르는 사람입니다.

루이 16세는 고갈된 재정을 복구시키기 위한 정책으로 세금을 올렸는데, 흉년이 들어 먹을 것이 없는 평민에게 세금을 중과하고, 귀족과 성직자에게는 세금을 올리지 않았습니다. 자신과 왕비는 베르사유 궁전에서 사치스러운 생활을 계속했습니다.

자신들에게만 부과된 높은 세금과 왕과 왕비의 사치에 분노한 평민들이 반발하자 루이 16세는 1부 성직자, 2부 귀족, 3부 평민으로 구성된 삼부회의를 만들어 평민들의 반발을 무마하려고 했습니다. 그러나 삼부회의는 평민들에게 유리한 결정이 나올 수 없는 회의입니다. 성직자와 귀족의 참가자 수에 비해 평민의 참가자 수가 적었기 때문입니다. 이에 평민들은 자신들로 구성된 국민회의를 구성했고, 이를 주도한 인물이 로베스피에르입니다. 로베스피에르는 일명 '테니스 코트의 선서'를 행했는데, 왕에게 도전할 수 있다는 자신감을 평민들이 갖는 계기가 되었습니다.

프랑스대혁명은 1789년 7월 14일 고문과 처형으로 악명이 높은 바스티유 감옥을 파리 시민들이 습격하여 감옥소장을 처형하고 건물을 해체시키는 폭동으로 시작되어, 그해 10월에는 파리의 부녀자들이 베르사유 궁전으로 몰려가 궁전 내부로 난입하고 근위병들을 살해한 후 루이 16세와 왕비를 감금했습니다. 이어 오스트리아로 탈출하던 루이 16세와 왕비를 시민들이 체포한 후 처형하고, 정권을 잡은 로베스피에르는 공포 정치를 펼쳤습니다.

로베스피에르는 온갖 검열과 비밀경찰, 밀고자 등을 이용하여 혁명에 대해 불평하는 자, 반혁명분자, 왕 동정론자 등을 전국적으로 색출하여 처형했습니다. 막대한 재산을 지니고 있는 성직자와 기독교도를 탄압하고 교회의 재산을 압수하기도 했습니다. 로베스피에르가 집권한 1793년 가을부터 그가 정적들에게 체포된 1794년 7월 27일까지 1년 동안 만 명 이상이 처형되었습니다. (기요틴은 처형당하는 사람이 겪는 불필요한 고통을 제거하고, 모든 처형 대상자에게 동등한 처형 방법을 제공하기 위해 의사인 기요틴이 프랑스대혁명 기간 중 발명한 처형 기구입니다.)

프랑스대혁명을 이끈 로베스피에르는 평생을 독신으로 지냈고, 청렴하고 검소하며 성실하여 도덕과 청렴의 상징이었습니다. 또한 귀족과 성직자도 세금을 내야 한다고 주장하고 권리의 평등을 주장하여 노동자와 소시민의 지지를 얻었습니다. 사생활에 모범을 보이면서 사회의 다수를 차지하고 있는 노동자와 소시민 등 민중이 원하는 바를 주장했기 때문에 민중이 지지해 주어 로베스피에르에 의한 프랑스대혁명이 가능했습니다.

▽ 로베스피에르는 평소 말을 실수한 적이 없는 사람입니다. 인권, 자유, 평등, 박애 등 민중들이 좋아하는 이야기만 하여 완벽한 사람이라는 평을 받았습니다. 그런 로베스피에르가 말을 한마디 잘못하는 바람에 자신은 처형당하고, 프랑스대혁명은 그의 처형과 함께 막을 내립니다. 1794년 7월 27일 로베스피에르는 자신이 공화국의 반대파 명단을 갖고 있다고 선언하고, 명단은 공개할 수 없다고 했습니다. 살생부가 있다는 의미의 이야기입니다. 이에 자신의 이름이 거기에 들어 있을

것을 두려워한 의회 의원들이 힘을 합하여 그를 전격 체포한 후 약식 재판에 회부하고, 재판이 끝나자마자 처형했습니다.

▽ 프랑스대혁명 기간 중 수많은 프랑스 사람이 희생되었지만 이를 계기로 유럽의 절대 왕권이 무너지기 시작했고, 이 지구상에 인권에 대한 개념이 싹트기 시작했습니다. 또한 자유, 평등, 박애(프랑스 국기에 담긴 의미)라는 인간 중심의 사상이 사회에 퍼지기 시작했습니다. (프랑스대혁명 이전에는 인권이라는 개념이 없었습니다. 평민은 노예와 동일한 존재였습니다.)

▽ 프랑스 사람들은 프랑스대혁명을 대단한 긍지로 여깁니다. 석가모니, 예수, 마호메트 등 성인들이 해내지 못한 일을 앞선 프랑스 사람들이 해냈기 때문입니다. 실제로 인류에게 실질적인 자유와 인권을 부여해 준 존재는 석가모니 등 역사적인 성인들이 아닙니다. 프랑스대혁명을 이끈 사람들입니다. 프랑스대혁명을 이끈 사람들의 후예인 지금의 프랑스 사람들은 세계의 인류 앞에서 자신들만의 긍지를 내세우더라도 얼마든지 인정받아야 함이 마땅합니다.

# 6 비밀을 지켜야 합니다.
## 비밀의 유지는 세상살이의 기본입니다.

**【남편과 아버지의 차이】**

중국 춘추시대의 정(鄭)나라에 제중(祭中)이라는 재상이 있었는데, 그는 자신의 세력을 믿고 정사(政事)를 마음대로 처리했습니다. 왕은 이를 염려하여 제중의 사위인 옹규(雍糾)를 불러 제중을 죽이라고 했습니다. 왕의 명령을 받은 옹규는 잔치를 준비하고 자객을 숨겨 놓은 후 장인인 제중을 집으로 초청했습니다.

남편의 의도를 눈치 챈 옹규의 부인이 자기 어머니를 찾아가 "남편과 아버지 중 누가 더 중요합니까?"라고 물었습니다. 어머니는 "남편은 언제든지 바꿀 수 있지만, 아버지는 바꿀 수 없는 존재다. 남편 정도를 아버지와 비교하면 안 된다"라고 했습니다. 그 말을 들은 옹규의 부인은 '남편이 아버지를 죽이려고 한다'는 사실을 어머니에게 털어놓았습니다.

아내로부터 사위인 옹규의 흉계를 들은 제중은 옹규를 습격하여 죽인 후 그의 시신을 연못에 던져 버렸습니다. 장례를 치르기 위해 옹규의 시신을 연못에서 건져 수레에 싣고 가던 사람이 중얼거렸습니다. "비밀이 부인에게까지 알려졌으니 죽어 마땅하다."

▽ 좋은 일은 자기 가족이 누설하고, 나쁜 일은 자기에게 나쁜 감정을 숨기며 지내고 있는 측근이 과장시켜 퍼트립니다. 측근은 물론, 가족도 조심해야 합니다.

#  7  전략의 기본은 신뢰입니다.
 자주 속이는 사람은 크게 속이지 못합니다.

【전략의 차원】

중일전쟁(1937-1945) 중 중국 섬서성에 있는 한 고서점에서 발견된 (1941) 『36계(三十六計)』는 각 계가 고사성어처럼 3~4개의 글자로 구성되어 있습니다. 역사적인 전쟁 사례, 병서와 고전에 나오는 글, 고사 등에서 인용한 성어입니다. 작자는 미상이며, 작성 시기는 후한 말인 3세기경으로 추정하고 있습니다.

『36계』는 실전에서 사용하는 전술에 가까운 차원의 전략입니다. 예를 들면, 10번째 계는 '소리장도(笑裏藏刀)'입니다. '웃는 얼굴 뒤에 칼을 감춘다'는 의미입니다.

중국 전국시대의 소진(蘇秦, 연대미상)은 합종책(合縱策)을 주장했고, 장의(張儀, ?-BC 309)는 연횡책(連橫策)을 주장했습니다. 합종책은 약소한 국가끼리 연합하여 강대한 진나라에 대항해야 한다는 책략이며, 연횡책은 그와는 반대로 약소한 국가가 각기 강대한 진나라와 동맹을 맺어 안전을 보장받아야 한다는 책략입니다. 이는 실전에서 사용하는 전술에 가까운 차원의 전략이 아닌, 정치·외교 차원의 전략입니다.

전략의 차원은 다양하지만, 대상은 모두 사람입니다. 동물이나 자연을 상대하기 위해 수립하는 것이 아니고, 사람을 상대하기 위해 수립하는 것이 전략입니다.

따라서 전략의 전제 조건은 상대방에게 신뢰를 주는 것입니다. 수립한 전략을 실행하려면 상대방이 나를 믿고 상대해 주어야 하기 때문입니다.

▽ 처세술도 전략의 한 분야입니다. 사람인 상대방을 대상으로 자신의 목표를 달성하기 위해 수단과 방법을 강구하여 실행하는 것이기 때문입니다.

▽ 상대방이 경계심을 갖고 피하면 곤란합니다. 따라서 상대방이 신뢰를 갖도록 평소에 진실하고 우직한 모습으로 살아가야 합니다. 진실하고 우직한 모습으로 살아가는 것, 그것이 전략의 시발점이자 가장 큰 전략입니다.

# 8 방법이 다양해야 합니다.
## 여러 가지 방법을 섞어서 교묘하게 사용해야 합니다.

【중공군의 인해전술】

모택동(毛澤東, 1893-1976)은 중국의 패권을 놓고 장개석(蔣介石, 1887-1975)과 전쟁을 벌이던 국공내전 당시에는 많은 군인이 필요했지만, 장개석을 대만으로 축출시키고 난 다음에는 그 많은 군인들을 정리해야 했습니다. 마침 한국전쟁이 발발하자 모택동은 북한을 지원한다는 명분으로 그들을 파병시켜 인해전술을 사용토록 했는데, 한국전쟁에서 죽거나 다친 중공군의 숫자는 90만 명이 넘습니다. 엄청난 인명 피해입니다.

중공군이 지닌 무기는 보잘것없었고, 무기가 빈약한 중공군은 주로 야음을 이용하여 유엔군을 공격했습니다. 공격할 때는 꽹과리를 치고 피리를 불었습니다. 그런데 어떤 때는 공격하지 않으면서도 꽹과리를 치고 피리를 불어 댔습니다. 대부분 더운 나라에서 파병 온 유엔군은 우리나라의 북쪽 지방 특유의 추운 날씨 때문에 고생하고 있었는데, 매일 밤마다 사방에서 들려오는 꽹과리 소리와 피리 소리는 공포 심리를 자극했습니다.

결국 유엔군은 춥지도 않고 꽹과리 소리와 피리 소리가 들리지 않는 먼 남쪽으로 전격 후퇴했습니다. 그 사건이 1951년에 있었던 1·4 후퇴입니다.

▽ 여러 가지 방법을 섞어서 자신이 의도하는 바를 적이 간파하지 못하게 해야 합니다. 또한 한 번 사용한 방법은 가급적 다시 사용하지 않아야 합니다.

나폴레옹의 예를 보면, 나폴레옹은 적에 대한 돌파전술만 사용하다가 워털루 전투(1815년 6월)에서 패한 후 몰락했습니다. 한 가지 전술만 고집하다가 적에게 간파되어 패한 사례입니다.

▽ 의심이 의심을 낳는 그런 심리 상태에 빠지면 도전하거나 극복하려는 마음이 사라지고 한시라도 빨리 현실에서 도피하고자 하는 심리가 발생합니다. 어떤 경우는 스스로 몰락하기도 합니다. 여러 가지 방법을 준비하고, 경쟁이 시작되면 한 가지 방법을 고집하지 않아 상대방에게 혼란을 주어 의혹과 함께 불안감에 빠져들도록 만들어야 합니다.

# 9 전쟁이나 싸움을 즐기면 안 됩니다.
## 분쟁을 피하고 원만한 방법으로 해결해야 합니다.

【전략가들이 지닌 공통적인 사고】

군사 전략가들, 혹은 전쟁과 관련된 분야를 전문적으로 연구하는 사람들은 전쟁 자체를 긍정적으로 보지 않습니다. 또한 전쟁이 모든 것을 해결해 준다고 보지 않습니다. 그들의 공통된 의견은 '전쟁 혹은 무력은 적과 협상하기에 유리한 위치를 점하기 위해 적을 압박하기 위한 수단일 뿐'이라는 것입니다.

공격적인 사상을 지닌 독일의 전략가 클라우제비츠(Carl Von Clausewitz, 1780-1831)는 『전쟁론(On War)』에 위와 같은 개념을 기술했고, 프랑스의 전략가 앙드레 보프르(Andre Beaufre, 1902-1975)는 『전략론 서설(An Introduction to Strategy)』에 '전략의 핵심은 정치적인 협상을 교묘하게 활용하는 것'이라고 했습니다. 영국의 전략가 리델 하트(Liddell Hart, 1895-1970)는 '전쟁은 현재보다 나은 상태의 평화가 보장될 때 하는 것'이라고 했습니다. 모두의 의견은 협상하기 위해, 혹은 현재보다 나은 평화의 상태를 구축하기 위해 (어쩔 수 없을 경우) 하는 것이 전쟁이라는 것입니다.

▽ 개인 간의 경쟁과 분쟁도 적절한 선에서 협상함을 원칙으로 해야 합니다. 과도한 출혈은 피해야 합니다.

# 10 공존공생을 생각하고,
상대방도 인정하는 선에서 마무리해야 합니다.

【독일이 제2차 세계대전을 일으킨 배경】

　제1차 세계대전(1914년 7월 28일-1918년 11월 11일)에서 패한 독일은 승전한 연합국들보다 더 큰 피해를 입었지만, 연합국들은 독일이 보유한 식민지는 물론 영토의 일부를 빼앗고, 배상금으로 막대한 현금까지 요구했습니다. 연합국들이 일방적으로 정한 베르사유 조약(1919년 6월 28일)의 주요 내용과, 이에 따라 빚어진 결과는 아래와 같습니다.
　독일의 모든 해외 식민지를 박탈하고 프랑스와의 접경 지역인 알자스 로렌 등 독일 영토의 13% 정도를 연합국들이 나누어 차지했습니다. 이에 독일 국민의 10% 이상이 다른 국가의 지배하에 들어갔습니다. 또한 항공기, 잠수함, 전차, 대공포, 독가스 등 공격 무기를 보유할 수 없게 했고, 독일 내에서는 군사 교육을 실시할 수 없도록 했으며, 독일군 병력은 10만 명 이내로 제한했습니다. 특히 전쟁 피해 배상금으로 천문학적 액수인 1,320억 마르크를 연합국들이 요구했는데, 이는 당시 독일 국가 예산의 20년 치에 해당되는 액수입니다. 독일 국민들은 이 배상금 지불 문제 때문에 엄청난 인플레와 굶주림에 시달렸고, 이로 인해 분노는 극으로 치달았습니다.
　연합국들이 너무 많은 것을 요구하자 독일 국민들 사이에서는 적개심이 솟았고, '제1차 세계대전은 종전된 것이 아니라 당분간 휴전한 것일 뿐이며, 독일의 명예 회복을 위해서는 필연코 다시 붙어야 한다'는 분위기가 형성되었습니다. 반발에 의한 복수의 여론이 강하게 인 것입니다.

결국 제1차 세계대전이 종식된 지 21년 만에 제2차 세계대전(독일의 전쟁 기간: 1939년 9월 1일-1945년 5월 8일)이 발발했는데, 이 전쟁의 원인 제공자는 연합국들입니다. 연합국들이 너무 무리한 것을 요구했기 때문에, 이에 독일 국민들이 반발하여 독일의 자존심을 회복시키기 위해 일으킨 전쟁입니다.

▽ 칭기즈칸은 적을 지구상에서 완전히 말살시키는 절대전쟁을 감행한 유일한 인물입니다. 그런데 요즘은 보는 눈도 많고 또 통신이 발달되어 정보가 세계 각지로 쉽게 확산되기 때문에, 칭기즈칸처럼 상대방을 완전히 말살시키는 전쟁을 할 수 없습니다. 소문이 퍼지고 세계의 여론이 들끓으면 이를 빌미로 자신의 이익을 챙기기 위해 개입하는 국가가 많아져 상황이 복잡해지기 때문입니다. 따라서 전쟁이나 싸움, 경쟁을 할 때는 적과 함께할 미래를 염두에 두고 끝을 맺어야 합니다.

# 11 강함과 고고함을 배제해야 합니다.
## 숙여야 할 때는 숙일 줄 알아야 합니다.

【유방(劉邦, BC256-BC195)의 굴복】

진시황이 죽고 진나라가 흔들리자 중국 각지에서 일어난 반란 세력은 구심점이 필요했습니다. 우후죽순 격으로 난립하여 통일된 행동이 이루어지지 않았기 때문입니다. 이에 초나라 왕족을 찾아내어 초나라 왕으로 옹립했습니다.

반란 세력이 승기를 잡자 초나라 왕은 결정적으로 진나라를 멸망시키기 위해 진나라의 수도인 함양에 가장 먼저 입성한 사람이 진나라를 차지하게 하겠다고 발표했습니다. 이에 항우와 유방은 각기 다른 방향에서 진나라의 수도인 함양으로 진군했고, 항우(項羽, BC232-BC202)보다 유방이 먼저 함양에 입성했습니다(BC207). 유방이 진나라를 차지해야 함이 당연했습니다.

그러나 힘이 강한 항우는 스스로를 초패왕이라 칭하면서 유방을 위협하여 굴복시키고 진나라를 차지했습니다. 게다가 진나라를 멸한 논공행상 자리에서는 유방이 자신보다 24살이나 어린 항우 앞에서 항우의 부하들과 함께 무릎을 꿇고 앉아 있어야 했습니다. 이에 대해 유방은 묵묵히 참았습니다. 부당함을 따진다면 죽임을 당할 것이 뻔하기 때문입니다.

항우는 유방에 대한 후환을 예상하고, 유방을 없애기 위해 빌미를 잡으려다가 빌미를 잡지 못하자, 유방에게 중국에서 가장 험준한 지역인 파촉으로 가라고 명령했습니다. 바위 절벽에 구멍을 뚫고 거기에 나무 기둥을 박아 그 위에 판자를 얹어 길을 만들어서, 외부와의 통로라고는 겨우 한 사람씩 간신히 통과할 수 있는 절벽 길밖에 없는 불모지로 유방을 쫓아내려고 한 것입니다. 이에 유방은 아무런 내색도 하지 않고 떠났습니다.

▽ 목숨을 구하는 길에는 왕도가 없습니다. 자신이 약하면 굴복하고 숙여야 합니다. 자신이 불리하거나 약한 상황에서 숙이는 것은 비겁한 행위가 아닙니다.

▽ 자신이 약한 것이 확연한데도 기분이 조금 어떻다고 해서 자존심을 세우기 위해 목숨을 걸겠다는 식이면, 그런 사람은 이 세상에서 무엇을 이루기는커녕, 목숨조차 부지하기가 쉽지 않습니다. (기분이 나쁘다는 것은 자신의 마음속에 일어난 한순간의 심리 상태일 뿐입니다. 현실에 어떤 영향을 줄 수 있는 것이 아니고, 혹시 외부로 표출되면 이익은 없고 손해만 따릅니다.)

▽ 자신의 뒤에는 자신이 먹여 살려야 할 어린 가족이 있고, 또 자신을 따르는 아랫사람과 그의 가족이 있습니다. 감정을 억제하지 못하고 일을 벌여 실수하면 그 많은 사람의 생계가 어려워집니다. 어린 그들을 생각해서라도 자신의 내면에 발생한 불편한 심기가 외부로 표출되지 않도록 조심하고, 사람을 대할 때는 공손한 자세와 부드러운 표정을 항상 견지해야 합니다.

## 제 2 장

# 무엇을 할 것인가를
# 정해야 합니다

목표를 명확하게 설정하고

목표를 잊지 않아야 합니다.

# 12 앞장서는 자리는 쉬운 자리가 아닙니다.
지도자는 가족의 목숨까지 걸어야 합니다.

【반란군의 지도자】

　진시황이 살아 있을 때는 그가 너무도 강력하고 무서워서 그 누구도 감히 반란을 일으키지 못했지만, 진시황이 죽자 중국의 각지에서 반란이 일어났습니다. 진시황의 자리를 이어받은 황제가 허약하고 또 환관인 조고(趙高, ?-BC207)의 농락으로 진나라의 권력층이 붕괴되어 약해지자, 앞다투어 반란을 일으킨 것입니다. 진영(陳嬰)이라는 사람도 반란을 일으켰는데, 반란군들이 그를 반란군의 지도자로 추대하려고 했습니다.

　그러자 진영의 어머니가 그에게 충고했습니다. "지도자가 되기보다는, 지도자의 밑에서 일하는 사람이 되어라. 그럴 경우 지도자가 성공하면 제후의 자리를 얻을 수 있고, 또 지도자가 실패하더라도 너는 목숨을 건질 수 있다. 네가 외부로 알려지지 않아 너를 알아보는 사람이 없어서 도망할 수 있기 때문이다." 어머니의 이야기를 들은 진영은 지도자의 자리를 항우의 숙부인 항량(項梁, ?-BC208)에게 양보했습니다.

▽ 자신의 목숨은 물론, 가족의 안위까지 걸어야 하는 사람이 지도자입니다. 지도자가 될 것인지, 아니면 남의 밑에 들어가서 숙이면서 안주할 것인지를 신중하게 생각하고 선택해야 합니다.

# 13 이익이 있는 일을 해야 합니다.
재화(財貨)가 흘러넘치는 곳으로 가야 합니다.

## 【유럽의 동방 진출】

중동 지역은 메소포타미아 문명과 이집트 문명 등 양대 문명의 발상지입니다. 메소포타미아 문명은 BC 3500년경 정치 체제를 갖춘 세계 최초의 도시국가를 형성했으며, 함무라비 법전은 그곳에서 사용한 법전입니다. 또한 바퀴를 사용한 수레, 문자, 쟁기 등을 세계 최초로 사용한 문명입니다. 이집트 문명은 널리 알려져 있는 바와 같습니다.

중동 지역은 고대 문명의 발상지일 뿐만 아니라, 세계의 4대 종교 중 유대교, 기독교, 이슬람교 등 3개의 종교(유일신)를 탄생시켰고, 각 종교는 나름의 성서를 만들었습니다. 철학적인 사고가 잠재된 곳이며, 또한 『아라비안나이트』와 같은 뛰어난 문학, 아름다운 인간의 정서가 담긴 이슬람의 서정시 등 세계 최대의 문화 지역입니다. 『로미오와 줄리엣』이라는 희곡도 중동 문학이 원전이라는 설이 있습니다. 그리스와 로마시대부터 유럽의 정복자들이 유럽 대륙에 관심을 두지 않고 중동 지역으로 진출한 이유는, 이처럼 발달한 중동의 문물 때문입니다. 실제로 십자군전쟁 이전의 유럽은 기독교가 지배하는 암흑 세계였고, 낙후된 야만 지역이어서 지배할 가치가 없는 곳이었습니다.

유럽이 세계의 중심이 된 계기는 십자군전쟁입니다. 십자군전쟁을 통하여 약탈해 간 중동의 뛰어난 문물을 모방하여 이를 기반으로 문예 부흥이 일어났고, 또 문예 부흥을 기반으로 산업혁명이 일어났기에, 오늘날의 선진 유럽이 되었습니다.

▽ 세속적인 이야기를 하자면, 자식을 낳으면 돈을 모아 주려고 하기보다, 돈을 써서 돈을 벌 수 있는 방법을 제대로 가르치는 교육 기관으로 보내어 좋은 자격증을 따게 해야 합니다. 또 좋은 자격증을 따면 돈과 재물이 홍수에 불어난 강물처럼 흘러넘치는 곳으로 보내야 합니다. (없는 곳에서 없는 사람들과 엮이면 아무리 열심히 노력해도 나오는 것이 없습니다.)

▽ 십자군전쟁이 초래한 현상입니다.
   1. 교권이 너무 강하여 교회와 관련된 것 외에 다른 것이 존재할 수 없던 유럽에 동방의 선진 문화(각종 서적, 학자 등)가 유입되어 문예 부흥의 기반 마련
   2. 교황의 권위 실추 및 기독교의 분열 빌미 제공
   3. 귀족들과 기사들이 원정 중 전사하여 유럽에 절대 왕권 형성
   4. 대규모 인구 이동으로 도시와 상업이 발전
   5. 유럽인이 갖고 있던 성지에 대한 환상 소멸(성지에 가 보았자 보물은 없고 황량한 모래사막과 폐허 같은 유적만 있을 뿐이라는 현실을 인식)
   6. 기독교권이 이슬람권에 고통을 안겨 주어 기독교권과 이슬람권 사이에 앙금을 만든 결정적인 계기

# 14 주변의 여건을 살펴야 합니다.
환경이 다르면 여러 가지가 다릅니다.

【노(魯)나라의 신발 장수】

중국 춘추시대의 노나라에 손재주가 좋은 부부가 있었습니다. 남편은 신발을 잘 만들고, 부인은 비단으로 갓을 잘 짰습니다. 부부는 손재주 덕분에 노나라에서 잘살고 있었는데, 어느 날 월(越)나라로 이사하려고 했습니다. 산동 반도 내륙 지역에 위치한 노나라는 추운 지방이기에, 따뜻한 양자강 이남의 남쪽 나라에서 살고 싶은 것입니다.

부부의 이주 계획 소문을 들은 이웃이 그들 부부를 찾아와 충고했습니다. "월나라는 더운 지방이라서 사람들이 신발을 신고 다니지 않습니다. 게다가 남쪽의 오랑캐들이라서 갓을 쓰지 않습니다. 당신들이 갖고 있는 신발 만드는 재주와 비단으로 갓을 만드는 재주는 월나라에 가면 쓸모가 없어집니다. 그곳으로 이주하면 가난하게 살아가게 될 것입니다."

이 말을 들은 부부는 이사를 단념했습니다.

▽ 자기가 살고 있는 곳이 어떠하니까 다른 곳도 그러하려니 하고 생각하면 실패할 수 있습니다. 지역이 다르면 생활 환경을 포함하여 많은 것이 다르게 되어 있습니다.

# 15  상대방을 알고 자신을 알아야 합니다.
### 집단의 성격, 관습, 법 등을 분석해야 합니다.

【이슬람권의 생활 양식】

『코란(Koran)』은 천사 가브리엘이 예언자 마호메트에게 20년에 걸쳐 전한 알라의 말씀을 한 자, 한 획도 빠짐없이 모두 기록해 놓은 성서입니다. 이슬람권에서는 『코란』의 내용을 신의 말씀으로 여기고 신성시하면서 절대적인 진리로 받아들입니다.

『코란』 외에, 『하디스(Hadith)』는 예언자 마호메트의 말씀과 관행을 기록한 것으로 『코란』과 대등한 권위를 갖고 있습니다. 『코란』과 함께 이슬람권의 사고와 생활 양식을 지배하고 있습니다.

이슬람 신자들은 『코란』과 『하디스』에 따라 ① 신앙의 증언, ② 예배, ③ 종교적 헌납, ④ 단식, ⑤ 순례 등을 준수해야 합니다. (성전(聖戰)을 추가시킨 종파도 있습니다.) 신앙의 증언은 알라는 유일신이며 마호메트는 알라께서 보낸 선지자임을 증언하는 것이고, 예배는 하루에 5번을 행하는데 해 뜰 무렵, 정오, 오후 4시경, 해 질 무렵, 잠자기 전입니다. 종교적 헌납은 보유한 재산에 따라 헌납하는 세금 규정으로 『코란』에 명시되어 있습니다. 단식은 이슬람력 9번째 달인 라마단 한 달 동안 먹는 것, 마시는 것, 피우는 것, 성적인 욕구 등을 해가 떠서 질 때까지 자제하는 것이며, 해가 진 후에는 정상 생활을 해도 됩니다. 순례는 신체 건강한 이슬람교도들이 일생에 한 번 이상 메카를 순례해야 하는 것입니다. 이슬람력으로 12월 7일부터 12월 10일 사이에 행하며, 가능하면 많이 하도록 권장합니다.

이슬람의 법은 샤리아라고 하며, 샤리아는 알라의 계명을 표현한 것으로, 샤리아에는 유일신 알라에 대한 순종 의무가 명시되어 있습니다. 또한 절대 유일신인 알라의 말씀에 의해 만들어진 법이기 때문에, 샤리아는 세월이 흐르더라도 내용이 바뀌거나 수정되지 않습니다. 따라서 이슬람권은 사회의 현상이 변하지 않습니다. 고정된 법인 샤리아에 사회가 따라야 하기 때문입니다. (샤리아는 수니파, 시아파 등 각 파에 따라 해석이 조금씩 다르지만, 각 파는 다른 파의 해석을 존중합니다. 다른 파가 처해 있는 삶의 여건이 자신의 그것과 다름을 인정하는 것입니다.)

샤리아의 내용은 형법, 상거래법, 가족법, 상속법 등으로 구분되는데, 이슬람을 배반하는 배교(背敎) 행위와 강도 행위는 사형에 처하고, 절도 행위는 손을 절단하며, 기혼자가 간통할 경우 돌로 쳐 죽이고(미혼자는 곤장 100대), 아버지는 딸이 결혼할 때 계약의 권리를 가지며, 남자는 최대 4명의 부인과 결혼할 수 있으나 그들에 대한 부양 책임이 있고, 부인은 남편에게 복종할 의무가 있습니다. (남편이 이혼을 요구할 경우 쉽게 이혼이 가능합니다. 이혼할 때는 부인에게 위자료를 충분히 지불해야 합니다. 그러나 부인이 이혼을 요구할 경우, 이혼이 쉽지 않습니다.)

▽ 『코란』은 아랍어로 기술된 것만을 『코란』으로 인정합니다. 다른 나라의 언어로 번역된 것은 『코란』으로 인정하지 않고 '코란 ○○○어 번

역본'이라고 부릅니다. (『코란』에 쓰여 있는 알라의 말씀은 성경에 기록되어 있는 말씀과 내용이 유사합니다. 알라의 말씀은 인류의 행복을 위한 신성한 말씀이라는 것이 개인적인 생각입니다.)

▽ 이슬람권 사람들은 유일신인 알라께서 정하신 관습, 법 등을 필히 지켜야 한다고 믿습니다. 따라서 이슬람권 안에서 그들의 법을 어기면 결코 용서되지 않습니다. 신이 정한 법, 신의 말씀을 어긴 것으로 간주하기 때문입니다.

▽ 상대방이 벗어나지 못하는 관습과 법 등을 이해하고, 그들이 필요로 하는 것을 생각해 내야 합니다.

【유교권의 부모들】

유교권은 '관리를 위한 체제권'이라고 해도 과언이 아닐 정도로 관리의 권한이 비대하기 때문에, 가족 중 한 사람만 관리가 되더라도 가족들은 물론, 친척들까지 덕을 볼 수 있습니다. 그래서 고급 관리가 되는 등용문인 과거에 급제한다는 것은 가문 전체의 경사입니다. 유학자들 중에서 공자 다음으로 추앙받는 맹자(孟子, BC371-BC289)의 어머니는 맹자의 교육을 위해 세 번이나 이사를 다녔습니다. 맹자가 학문으로 대성하여 관리가 되어 출세하기를 바랐던 것 같습니다.

우리나라는 몇백 년 동안 유교 사상이 지배해 온 나라입니다. 따라서 부모들은 자식의 공부를 위해 맹자의 어머니처럼 하고 있는 경우가 대부분입니다. (맹자의 어머니 이상으로 자식 교육에 열성인 어머니들도 많을 것 같다는 추측입니다.)

▽ 맹자는 관직에 올라 본 적이 없고, 생존 당시에는 이름이 알려지지 않은 무명의 학자였지만, 그의 사후 1,300여 년이 지난 송(宋)나라 (AD960-AD1297) 때 드디어 떴습니다. 후배인 송나라 유학자들이 『맹자』라는 제목의 책을 만들며 띄워 주었습니다. 어머니의 집념이 뒤늦게나마 빛을 보아 다행인 케이스입니다.

【초(楚)나라 궁녀들】

초나라 왕이 허리가 가는 여자를 좋아했습니다.
그러자 궁 안에 굶어 죽는 여자가 속출했습니다.

▽ 초나라 궁녀들뿐만 아니라, 예쁘게 보일 수 있다면 배고픈 고통 정도 (?)는 얼마든지 참아 내는 것이 이 세상의 여자들이지 않을까 하는 생각입니다. (남자들도 그럴 것입니다.)

【진시황의 불로초】

진시황은 두뇌가 엄청나게 뛰어난 사람이었다고 합니다. 게다가 외모가 무섭게 생겼고 안광도 남달리 번쩍여서 진시황을 시해하기 위해 찾아간 자객들은 막상 그와 대면하더라도 그의 외모에 겁을 먹어 감히 칼을 빼들지 못했고, 또한 그가 호령하면 그 소리에 놀라 덜덜 떨다가 잡혔다고 합니다. 실제로 진시황 앞에서 칼을 뽑아 든 간이 큰 자객은 형가(荊軻)라는 이름의 자객 한 사람뿐입니다. 그의 용기에, 그의 이름은 용기 있는 자객 중 한 사람으로 후세에 전해지고 있습니다. 항우와 유방도 진시황을 겁냈기는 마찬가지입니다. 진시황이 살아 있을 때는 반란의 엄두조차 내지 못하다가, 진시황이 죽고 나니까 반군을 모아 진나라를 공격했습니다.

그런 진시황도 나이가 드니까 노망이 들었는지 불로초를 구해 오라고 하며 사방으로 사람을 보냈고, 빈손으로 돌아오는 자는 처벌했습니다. 그래서 불로초를 구하러 간다고 하며 여비를 두둑이 받아 챙긴 후 떠난 자들 중 일부는 2,200여 년이 지난 지금까지도 귀국하지 않고 있다고 합니다. 불로초를 구하지 못했기 때문에, 처벌이 두려워서입니다.

▽ 부와 권력을 지니고 있는 사람은 장수하려고 애씁니다. 그가 빨리 죽어 주어야 자리를 차례로 인수받을 수 있어서 인사 적체가 풀리고, 또 그동안 그에게 빌붙어 온갖 악질 짓을 벌인 간신들을 처단할 기회도 마련되는데, 생에 대한 애착은 지위가 높은 사람일수록 강하기 때문에 모든 게 쉽지 않습니다.

여하튼 장수의 특효약을 만들 수 있다면, 혹은 장수의 비법을 개발한다면, 부와 권력을 지닌 사람이 앞다투어 돈을 보내오며 난리를 칠 것입니다. 이 방면도 연구해 볼 만합니다.

# 16 대상이 많아야 합니다.
## 대상이 없으면 결과를 기대할 수 없습니다.

【어부의 활동】

농부는 자기가 흘린 땀의 양에 비례하여 수확량이 달라질 수 있습니다. 그러나 어부는 자기가 죽을힘을 다하여 열심히 조업한다고 해서 물고기가 많이 잡히는 것이 아닙니다. 물고기 떼가 몰려와야 하며, 그렇지 않으면 아무리 열심히 노력하더라도 노력한 만큼 수확할 수 없습니다.

성공하려면 대상이 많은 업종을 선택해야 합니다. 혹은, 사람이 많이 다니는 곳을 찾아다니며 활동해야 합니다. 만일 사람들이 자발적으로 몰려온다면 그보다 최상은 없습니다. (모두가 꼭 필요로 하는 필수 아이템을 찾아야 합니다.)

▽ 국가가 많은 돈을 지속적으로 모을 수 있는 것은 세금 제도를 이용하여 다양한 명목으로 많은 사람으로부터 조금씩 받아 내는 방법을 사용하기 때문입니다. 한 사람으로부터 왕창 뜯어내는 방법을 사용하기 때문이 아닙니다. 많은 사람에게서 골고루 조금씩 받아 낼 수 있는 방법을 찾아야 합니다.

# 17 사람의 수준은 모두가 다릅니다.
대상의 수준에 맞추어야 합니다.

【포괄적인 접근】

멸치를 잡고자 할 때 상어잡이 어망을 놓으면 한 마리도 잡지 못합니다. 물고기를 잡으려면 대상 어종에 따라 그에 적합한 어망을 사용해야 합니다. 여기에서, 모든 물고기를 한꺼번에 포획할 수 있는 어망을 사용하면 유리합니다. 한 가지 어종을 표적으로 하기보다 어망 하나에 멸치, 고등어, 꽁치, 오징어, 상어 등을 모두 잡아 올릴 수 있도록 하는 것입니다.

▽ 히틀러(A. Hitler, 1889-1945)는 '사람의 수준은 예상외로 높지 않다'라고 했는데, 이는 히틀러처럼 수준이 높은 사람이 평범한 사람을 바라볼 때 할 수 있는 이야기입니다. 사람의 수준은 어떻다고 단정지어 말할 수 없습니다. 동일한 사람도 상황과 분위기에 따라 전혀 다른 모습과 반응, 수준을 나타내기 때문입니다. (이 부분은 히틀러도 인정한 부분입니다.)
세상에는 각양각색의 사람이 함께 살아가고 있습니다. 일을 추진하고자 할 때는 어떤 계층의 사람 혹은 어떤 스타일의 사람을 대상으로 할 것인가를 생각하고, 그들의 관심을 얻으려면 어떻게 연출해야 할까를 생각해야 합니다.

# 18 남들보다 나은 것이 있어야 합니다.
한 가지는 확실한 것이 있어야 합니다.

## 【낭중지추(囊中之錐)】

'낭중지추'는 주머니 속에 든 송곳이라는 의미로, 뛰어난 인재는 튀어나오기 마련이라는 이야기입니다.

전국시대의 조(趙)나라 혜문왕(惠文王, 재위 BC299-BC266)은 진(秦)나라의 공격을 받자 자신의 동생이자 재상인 평원군에게 초(楚)나라로 가서 구원군을 얻어 오라고 했습니다.

평원군은 자기 집에 묵고 있는 수백 명의 식객 중에서 20명을 선발하여 함께 가려고 했는데, 선발할 만한 사람이 19명밖에 없었습니다. 그런데 선발되지 못한 식객 중 모수(毛遂)라는 사람이 나서서 자기를 데려가 달라고 부탁했습니다.

평원군은 그의 실력이 미심쩍어 "당신은 이곳에 온 지 얼마나 되오?"라고 물었습니다.

모수는 "3년째입니다"라고 대답했습니다.

평원군이 다시 물었습니다. "뛰어난 재주가 있는 사람은 주머니 속에 들어 있는 송곳과 같아서 즉시 드러나기 마련인데, 당신은 이제껏 드러나지 못했소. 내가 어떻게 당신을 믿고 데리고 갈 수 있겠소?"

그러자 모수는 "제가 드러나지 못했던 이유는 지금까지 저를 주머니 속에 넣어 준 적이 없었기 때문입니다. 지금이라도 한번 넣어 보십시오.

주머니를 뚫고 나오는지 여부를 알 수 있을 것입니다"라고 말했습니다.

평원군은 모수도 포함시켜 초나라로 갔는데, 조나라를 지원하는 데 냉담하던 초나라 왕을 모수가 설득하여 구원군을 얻을 수 있었습니다.

▽ 남들보다 뛰어난 것이 하나 정도는 있어야 결정적인 순간에 자신을 나타낼 수 있습니다.

▽ 능력이 아무리 뛰어나더라도 알아주는 사람이 없으면 소용이 없습니다. 귀한 보석일지라도 깊은 산중에 묻혀 있어서 사람의 눈에 뜨이지 않으면 가치를 발휘할 수 없는 것과 동일한 이치입니다.

▽ 업무 능력을 나타내는 업적 혹은 실적은 인사권자가 어떻게 평가하느냐에 따라 그 가치가 바뀝니다. 아무리 큰 업적이더라도 인사권자가 사소한 것을 지적하며 트집 잡으면 모든 것은 업적이 아닌 과실이 됩니다. 혹은 더 큰 업적을 쌓을 수 있었는데 겨우 그 정도인 것이 됩니다. 이와는 반대로, 별것이 아닌 일을 했는데도 인사권자가 칭찬해대면 그것이 엄청난 실적으로 바뀝니다. 조직에서 성공하려면 능력을 키워 업무를 잘하기보다, 처세술을 열심히 연구해서 윗사람 혹은 인사권자가 자신을 좋게 보도록 해야 합니다.

# 19 관련 법을 이해하고 이용해야 합니다.
빈틈을 찾아야 합니다.

【젝트(Seeckt, 1866-1936) 장군의 군비 증강】

제1차 세계대전에서 패한 독일은 앞서 기술한 바와 같이 연합국이 독단적으로 정한 베르사유 조약에 의해 장교 4,000명을 포함하여 10만 명 이내로 군 병력이 제한되었습니다. 또한 군사 교육을 시킬 수 없었고, 공격 무기를 보유할 수 없었습니다. 패전에 대한 복수의 기회를 만들려던 독일은 돌파구를 찾아야 했는데, 이를 찾아낸 사람이 젝트 장군입니다.

젝트 장군은 대학 졸업자들과 귀족 집안의 자제들, 전통 무관 집안의 자제들을 모아 장교로 임명하고, 전쟁이 발발하면 몇 계급 이상의 높은 장교 계급장을 달고 임무를 수행하도록 훈육시켰습니다. 병사들은 초급 장교 이상의 직무를 수행할 수 있도록 교육시켰습니다. 경찰은 계급장만 갈아 달면 군인이 되도록 했고, 노동자들은 옷을 갈아입고 삽과 연장 대신 총을 들면 언제든지 전투에 임할 수 있도록 훈련시켰습니다.

전투기 조종사들은 민간 항공 회사에 위탁시켜 조종술을 배우게 했고, 러시아에 산업 기술과 자본을 지원해 주는 조건으로 독일 사람들이 러시아에서 군사 교육을 받도록 했습니다. 국민들에게는 전쟁과 군사 전술에 관한 책을 읽게 했는데, 당시 독일의 베스트셀러는 대부분 전쟁과 관련된 책입니다.

▽ 모르고 지내면 발목을 잡는 덫이 되고, 활용할 정도의 수준이 되면 유용한 도구가 되는 것이 법입니다. 자신의 업무와 관련된 법을 충분히 이해하고 활용해야 합니다.

▽ 법을 전문으로 공부하여 자격증을 지닌 사람들이 모여 토론하더라도 의견이 일치되는 경우는 극히 드뭅니다. 따라서 대상이 누구냐에 따라 늘어났다가 줄어들었다가 하는 고무줄과 같은 현상을 보이는 것이 법입니다. 이에 돈이 없는 서민은 억울하게 당하고 또 손해를 보는 경우가 많습니다. 그런데 그렇더라도 '없다는 것 자체가 범죄인데, 없는 데다가 무지하다는 것은 대형 범죄. 대형 범죄를 저지른 내가 겨우 이 정도로 당했다는 것은 천만 다행인 일이다'라는 마음가짐으로 자책하며 살아가야 속이 덜 아픕니다. (저도 너무 억울하여 가슴이 무너질 듯할 때가 많습니다.)

▽ 법뿐만 아니라, 권력, 총칼 등도 모두가 선량한 국민들을 위한다는 대의명분을 내세우지만, 그들이 저지르는 악행도 만만치 않으며, 거기에 대해 서민은 대들지도 못 합니다. 마땅히 대들 방법도 없고, 또 대들어 보았자 시간만 낭비하고 손해만 돌아올 뿐입니다. (많이 덤벼 보았는데, 변변한 결과는 한 번도 없었습니다.)

# 20 연관성을 이용해야 합니다.
### 병도 팔고 약도 팔아야 합니다.

【모순(矛盾)과 연관성의 차이】

모든 것을 뚫는다는 창과, 모든 것을 막는다는 방패를 한곳에 모아 놓고 팔다가 '모순'이라는 용어가 성립되게 한 사람은 어리석은 행동을 잘한다는 중국의 초(楚)나라 사람입니다. 그 지방의 물이 원래 그래서인지 초나라 사람과 연관된 이야기는 대부분이 그런 내용입니다. (항우도 초나라 사람입니다.)

그런데, 창과 방패는 연관성 있는 물건입니다. 누군가가 창으로 찌르려고 하면, 방어하는 사람은 방패가 있어야 쉽게 막을 수 있습니다. 창이 팔리면 방패도 그만큼 팔리게 되어 있습니다.

▽ 모순과 연관성을 구분해서 생각해야 합니다. 언뜻 보면 모순 같아 보이지만, 한 가지를 팔면 이에 대항하는 것도 팔립니다.

▽ 이럴 때는 이렇게 말하고, 또 저럴 때는 저렇게 말하는 것이 장사의 도리입니다. 집에 갈 때 먹거리를 들고 가야 어린 가족이 끼니를 때울 수 있는데, 그런 책임을 짊어지고 있는 사람이 장사하면서 논리, 이치, 합리성 등을 따지며 물건을 판다면 그것이 모순입니다.

# 21 언제든지 변신이 가능해야 합니다.
적응해야 도태되지 않습니다.

【영국군의 실패】

소총의 성능이 좋지 않던 근대에는 전투할 때 보병들이 열을 지었습니다. 앞 열에 서 있던 병사들이 총을 쏜 후 화약을 장전하기 위해 앉으면, 뒤 열에 서 있던 병사들이 교대하여 총을 쏘는 방식입니다. 그런데 미국으로 파병된 영국군은 그런 방식으로 전투를 수행하다가 농민과 사냥꾼으로 구성된 미국의 독립군에게 패했습니다.

미국의 농민과 사냥꾼은 자신을 습격해 오는 인디언과 사냥감을 멀리서 한 발에 정확히 맞추는 능력이 필요했습니다. 뿔뿔이 다녔기 때문에, 많은 총알을 한꺼번에 발사시킬 수 없기 때문입니다. 그런 필요에 의해 독일에서 이민 온 사람이 사정거리가 멀어지도록 총신을 길게 만들고, 명중률을 높이기 위해 총열 안에 홈을 파서 총알이 돌면서 날아가도록 총을 개량시켰습니다.

또한 미국의 독립군은 전투할 때 영국군처럼 열을 지어 서서 총을 쏘는 전투 방식을 택하지 않았습니다. 정규 훈련을 받지 못했기 때문에 뿔뿔이 흩어져 나무나 바위 뒤의 안전한 곳에 숨어서, 열을 지어 모여 있는 영국군에게 총을 쏘았습니다. 미국의 독립군과 영국군이 전투를 하면 외부에 노출되어 열을 지어 총을 쏘는 영국군의 희생이 클 수밖에 없습니다.

초기에는 영국군의 화려한 복장과 규율 등 외적인 위엄에 눌려 영국군에게 이길 수 있다는 데에 회의를 가졌지만, 콩코드라는 곳에서 의외의 대승리(1775)를 거둔 미국의 독립군은 그 전투에서의 승리를 계기로 자신감을 가졌습니다. 그러나 영국군은 열을 짓는 자신의 전투 방식에 회의를 가졌고, 또 미국의 독립군이 사용하는 총의 성능에 의해 희생이 너무 크자 본국으로 철수했습니다.

▽ 다윈(C. R. Darwin, 1809-1882)이 지적한 바와 같이, 자연 도태는 한순간도 쉬지 않고 계속되고 있습니다. 끊임없는 노력으로 변화하는 환경에 자신을 적응시켜야 하며, 그렇지 않고 안주하다가 적응하지 못하면 자연스럽게 도태됩니다.

▽ (페이지에 여백이 있기에 감히 저의 개인적인 모습을 여기에 기술해 보았습니다.) 나이가 드니까 과거의 경험만을 고집하며 터무니없는 주장을 내세웁니다. 다른 사람이 들려주는 말이 옳다는 것은 어렴풋이 이해하지만, 수용하려고 하지 않습니다. 귀는 열고 입은 다물어야 하는데, 그와는 반대로 귀는 막고 입은 여는 경우가 많습니다. 주위에 적응하려는 모습과 의지가 점점 사라져 갑니다. 자연 도태가 가까워진 것 같습니다.

# 22  다른 사람이 겪은 실패 사례를 분석합니다.
성공 사례보다 실패 사례가 더 교훈적입니다.

【조조(曹操, AD155-AD220)가 영악한 이유】

『삼국지』에 등장하는 조조는 참모의 조언을 잘 들어 주는 사람으로 알려져 있지만, 실제로는 그 자신이 뛰어난 전략가입니다. 고대로부터 내려온 여러 종류의 손자병법을 모아 한 권으로 정리하여 오늘날의『손자병법』을 만든 사람이 조조입니다.

『삼국지』에는 조조가 매우 영악한 인물로 기술되어 있는데, 그가 영악해진 원인은 아마 그의 삶에서 기인했을 것입니다. 젊은 시절의 조조는 지명 수배를 당하여 쫓겨 다녔습니다. 잡히면 죽는 상황입니다. 게다가 기반을 잡은 후에도 전투에서 패한 적이 많았습니다. 적벽대전에서는 날아오는 화살에 맞아 앞니가 부러지고, 후퇴할 때는 자신의 정체를 숨기기 위해 수염을 스스로 자르고 병사들의 틈에 섞여서 도망했습니다. 이처럼 수많은 위험과 실패가 그에게 교훈이 되어 그를 영악하게 만들었을 것입니다.

▽ 전략을 기획하는 사람이 수많은 전사(戰史)를 읽고 또 열심히 분석하는 이유는, 다른 사람이 앞에서 겪은 실패를 분석하여 그 원인을 찾기 위함입니다. 다른 사람이 겪은 실패를 교훈 삼아 동일한 실패를 피하려는 것입니다.

# 23 회수가 빠른 것을 해야 합니다.
## 수익성보다 획득 가능 여부, 즉 안정성입니다.

【자본의 중요성】

자본의 뒷받침은 성패를 가름하는 가장 중요한 요소입니다. 자본이 뒷받침되지 못하면 일을 추진할 수 없기 때문입니다.

그러나 무엇을 하려고 할 때 자본을 너무 걱정해도 도전하지 못합니다. 자신감이 생기지 않기 때문입니다.

자본 문제를 해결하려면 획득이 빠른 일을 해야 합니다. 투자와 회수가 단기간 내에 반복되어야 합니다.

▽ 올바른 판단은 심리적으로 안정된 상태에서 가능합니다. 따라서 일을 추진할 때는 심리적인 안정이 필수입니다. 심리적인 안정에 가장 큰 영향을 주는 요소는 자본입니다. 자본의 확보는 필수입니다. (노름판에서도 밑천이 두둑한 사람이 돈을 땁니다.)

# 24 자기가 해낼 수 있는 일을 해야 합니다.
개인이 모든 방면에 능할 수 없습니다.

【조말(曹沫, ?-?)의 농사 실력】

중국 춘추시대의 노(魯)나라 장군인 조말이 칼을 잡으면 검술로 그를 당할 자가 없었습니다. 그런 조말에게 칼을 놓고 호미를 들게 한 다음에 농부와 밭일 경쟁을 시켜 보니까, 조말이 농부를 당해 내지 못했습니다.

개인에게는 각자에게 주어진 소질과 능력이 있습니다. 자신의 소질과 능력에 맞는 일을 해야 하며, 그렇지 않고 의욕을 앞세워 자신이 지닌 소질과 능력에 관계없는 엉뚱한 일에 손을 대면 곤란한 상황을 맞게 됩니다.

▽ 이익이 많이 나오는 그럴듯해 보이는 일일지라도 자신의 능력을 벗어난 일이면 결과를 맺지 못합니다. 자신의 능력을 생각하고, 자신이 해낼 수 있는 일인가를 냉철하게 판단해야 합니다.

▽ 자신의 능력을 정확히 판단하는 것, 또한 이익이 눈앞에서 아른거릴 때 자신의 마음속에서 솟아오르는 욕심을 억제하는 것, 모두가 쉽지 않은 일입니다.

## 제 3 장

# 사람을 이해해야 합니다

사람의 내면은 유사하지만,

천성은 각기 다르며 바뀌지 않습니다.

# 25 인간의 본성이 어떤 것인지는 알 수 없습니다. 이런 것 같기도 하고, 저런 것 같기도 합니다.

【인간의 본성에 대한 분석】

중국의 사상가들이 밝힌 인간의 본성에 대한 대표적인 이론은 성선설, 성악설, 이익설, 상황설(혹은 환경설) 등입니다.

◆ 성선설(性善說)

공자를 중심으로 한 유가(儒家, 유학자들의 집단)의 사람들은 툭하면 '하늘이 안다'는 식으로 말했습니다. 특히 난처한 입장에 처하거나, 자신이 저지른 과실이 외부로 드러날 것 같은 상황에 이르면 하늘에 기대고 슬그머니 빠져나가려고 했습니다. 공자는 출세하기 위해 위(衛)나라에 유세하러 갔다가 유부녀와 문제를 일으켰습니다(BC495). 이를 눈치 챈 제자가 따지자 공자는 "하늘이 안다!"라고 말하며 제자를 윽박지르고 빠져나갔습니다.

유가의 사람들이 주장한 성선설의 발원도 그들이 기댔던 대상, 즉 하늘입니다. 성선설을 직접 언급한 사람은 맹자인데, 맹자는 '인간의 심성은 하늘이 부여한 것이다'라고 했습니다. 하늘이 인간들에게 부여한 것이므로 악한 것일 리 없다는 것이며, 인간의 심성은 선한 것이라는 주장입니다. 이에 송(宋, AD960-AD1297)나라의 유학자 정자(程子)는

'맹자가 인류에 공헌한 것은 성선설을 발견한 것이다'라고 하며 맹자를 치켜세웠습니다. 대선배를 치켜올릴 줄 아는 기특한 후배입니다.

유가에서 나온 성선설은 매우 교묘한 인간 전략입니다. 자신을 보존하기 위한 전략으로 최상입니다.

공자는 '혹시 나를 등용시켜 주는 왕이 없는가?' 해서 노년에 중국의 각지를 떠돌아다녔습니다. 당시는 춘추시대 말기의 난세였기 때문에 여기저기 떠돌아다니다가는 간첩으로 몰리거나, 도적의 무리에 의해 죽임을 당할 확률이 높았습니다. 그러나 공자는 고향인 노나라로 무사히 돌아왔습니다. 예의 바른 말만 하고 다녔고, 선함을 강조했으며, 만 백성을 위하여 노력하는 진실한 사람처럼 행동했기에 공자를 해치려는 사람이 없었습니다.

▽ 인간의 심성이 어떤 것인지에 대한 명확한 결론은 없지만, 여하튼 안전하게 살아가려면 공자처럼 행동해야 합니다. 항상 예의를 갖추고 공손하게 행동하여 남들에게 해를 줄 것 같지 않은 선한 사람으로 보여야 합니다.

◆ 성악설(性惡說)

순자는 역사상 유명한 사상가인 한비자와, 진나라의 재상인 이사처럼 뛰어난 제자를 양성한 전국시대 말기의 대유학자입니다. 그런데 그는 유가의 사람들이 주장한 성선설과는 정반대의 개념인 성악설을 주장했기에, 유가의 사람들로부터 이단으로 취급받았습니다.

순자는 '인간의 본성은 원래 악한 것이며, 선은 인위적으로 형성되는 것'이라고 했습니다. 따라서 선해지고 예를 알기 위해서는 단시간 내에는 불가능하고, 훌륭한 스승을 모시고 오랫동안 학문을 닦아야 한다고 했습니다.

▽ 유가의 기본 사상은 인간을 가르쳐야 한다는 사상, 즉 교화사상(敎化思想)입니다. 따라서 유가의 책을 보면 '가르침'을 강조하는 글이 다른 내용의 글보다 우선하여 책의 앞부분에 기술되어 있습니다.

▽ 『순자(荀子)』는 전국시대 말기의 유학자인 순황(荀況)의 존칭이자, 그가 남긴 글을 모아 엮은 책의 이름입니다.
『순자』에는 상당히 많은 예문들이 실려 있는데, 한비자의 글이 뛰어난 것은 스승인 순자의 훌륭한 가르침 때문으로 보입니다. (서울 남산에 있는 안중근 의사님의 기념관 정원에 놓여 있는 비석에 새겨진 안중근 의사님의 글은 순자 계열의 기풍을 보입니다. 안중근 의사님께서는 학문이 높으신 유학자이셨기 때문일 것입니다.)

◆ 이익설(利益說)

순자의 제자로 성악설에 가까운 이익설을 주장한 한비자는 '사람은 자신에게 돌아오는 이익과 손해를 계산하고, 그에 따라 자신의 행동을 결정한다'는 이론을 펼쳤습니다.

따라서 사람을 다스리기 위해서는 이익을 대변하는 상과 손해를 대변하는 벌을 철저히 집행해야 한다고 했습니다.

▽ 설득하는 방법은, 상대방에게 돌아갈 이익과 손해를 품위 있게 설명해 주어 상대방이 이해하도록 만드는 것입니다.

▽ 누에가 대우받는 이유는 비단실을 제공하기 때문입니다. 만일 누에가 그런 이익을 제공하지 않는다면 뽕잎을 갉아 먹는 해충으로 분류되어 송충이처럼 박멸 대상이 되었을 것입니다. 이는 사회에서도 마찬가지입니다. 자신이 대우받는 이유는 이익을 창출해 내기 때문이며, 만일 이익을 창출해 내지 못하거나 손해를 준다면 그 순간 해고당하거나 배척당할 것입니다.

### ◆ 상황설(常況說), 혹은 환경설(環境說)

고자(告子)와 맹자가 인간의 심성에 관해 토론했습니다.

고자가 맹자에게 '고인 물은 물꼬를 트는 방향으로 흐르는데, 인간의 심성도 그와 같다'라고 했습니다. 인간의 심성은 일정한 것이 아니며, 개인이 처한 상황(환경)에 따라 거기에 맞추어 바뀐다는 이야기입니다.

이에 대해 맹자는 '물이 낮은 곳에서 높은 곳으로 흐르는 것을 보았나?'라고 하면서 고자를 윽박질렀습니다. 인간의 심성은 착한 것이며 변하지 않는 것이라는 의미입니다. (윽박지르는 상황인 것을 보면, 맹자가 선배인 듯합니다.)

위에 고자가 말한 부분이 상황설 혹은 환경설이며, 궁하면 남의 것을 빼앗기도 하고 훔치기도 하는 존재가 사람이고, 또 그런 사람이 풍족해지면 남에게 베풀기도 하는데, 사람의 심성은 고정된 어떤 것이 아니라 자신이 처해 있는 상황(환경)에 따라 거기에 맞추어진다는 이론입니다.

▽ 사람의 내면은 모두가 비슷합니다. 높은 자리에 앉아 있는 사람이라고 해서, 혹은 인품이 뛰어나거나 소문난 사람이라고 해서 특별히 다르지 않습니다. 높은 자리와 헛소문이 그의 겉모습만을 잠시 바꾸어 놓았을 뿐입니다. (자신의 속마음이나 약점을 그들에게 노출시키면, 자신이 얼마나 어리석은 짓을 했는지를 곧 깨닫게 됩니다. 높은 자리에 앉아 있는 사람과 헛소문이 난 사람일수록 위선의 능력이 다른 사람보다 더 뛰어날 뿐이라고 생각하며 경계하는 편이 자신의 안전을 지키는 데에 유리합니다.)

# 26 사람이 지닌 욕구는 모두가 동일합니다.
## 자제하는 모습에 차이가 있을 뿐입니다.

【사람의 행동 원동력】

사람이 행동하는 이유는 자신에게 내재되어 있는 식욕과 성욕 때문입니다. 식욕과 성욕은 사람에게 행동하게 하는 강제력을 지녔으며, 식욕과 성욕 외에는 사람을 행동하게 하는 강제력을 지닌 것이 없습니다. (상과 벌도 강제력을 지녔지만, 식욕과 성욕만큼 강하지 않습니다. 자발적이지도 않습니다.)

성욕은 상상외로 강한 강제력을 지니고 있습니다. 고대의 전쟁은 이성을 탈취하기 위한 목적으로 발생한 경우가 많았고, 또 전장에서의 비극은 적을 죽이는 것뿐만이 아니었습니다. 젊은 병사들이 지닌 성욕 때문에 발생하는 폭력 현상은 처참함을 가중시켰습니다. 내면에 심어져 있는 욕구가 어리고 순진한 병사들로 하여금 자신을 억제하지 못하게 하고 죄악을 저지르게 하는 것입니다. 전장에서뿐만이 아닙니다. 세상에 일어나는 기기묘묘한 사건은 대부분 성욕 때문입니다. 참으로 막강한 강제력을 지닌 것이 성욕입니다.

▽ 자신의 돈 혹은 여인을 다른 사람에게 맡기거나 보호시키면 되찾지 못합니다. 돈과 여인은 자신이 직접 보관하거나 보호해야 합니다. 가족도 믿어서는 안 됩니다.

## 【매슬로우(Abraham Maslow) 1908-1970)의 욕구이론】

심리학자인 매슬로우는 처한 상황과 나이에 따라 사람이 다르게 갖는 욕구의 상태를 5단계로 구분했습니다. 매우 유명한 이론으로, 지휘통솔을 공부하는 사람이 일찍이 접하는 내용 중 하나입니다.

1단계: 생존과 생리적인 욕구를 충족시키려는 단계
2단계: 생리적인 욕구를 지속시키려는 안전 추구의 단계
3단계: 사회적인 활동을 추구하는 단계
4단계: 자존심을 살리고 존경받으려는 단계
5단계: 업적을 완성(자아실현)시키고 신에 귀의하려는 단계

▽ 가난한 사람과 부와 명예를 가진 사람, 혹은 젊은 사람과 연세가 많은 분이 각기 개별적으로 추구하는 목표와 행동을 살펴보면 위의 이론을 쉽게 이해할 수 있습니다.

# 27 개성은 저마다 다릅니다.
## 개성은 천성이며, 바뀌지 않습니다.

【제자백가(諸子百家)식 분류】

◆ **유가형(儒家型)의 사람들**

유가의 대표적인 사람은 공자, 증자(曾子), 공자의 손자인 자사(子思), 맹자, 순자 등인데, 유가의 사람들은 학문에 능했고, 다음과 같은 행동을 잘했습니다. (공자―증자―자사―맹자로 이어지는 라인(line)은 연이은 사제지간이라고 합니다. 송나라 때 네 사람의 사상을 집대성하여 성리학을 창시한 주희(朱熹, 주자, 1130-1200)는 이 네 명을 동일 사상 계열로 보았습니다.)

**남에게 간섭하기를 좋아합니다.**
유가의 사람들은 '교화(敎化)'를 중시하는데, '가르치지 않으면 (짐승처럼) 예를 모르는 인간이 되기 때문에, 가르쳐야 한다'는 개념입니다. 그들은 자신이 습득한 학문을 이용하여 남에게 가르치기와 간섭하기를 좋아했습니다.

**권력자에게 아부를 잘합니다.**

유가의 사람들은 백성을 위해야 한다는 이론을 내세워 권력자에게 접근했습니다. '민심은 천심이니까, 이를 따라야 한다', '어리석은 백성을 사랑해야 한다', '백성은 불쌍한 존재들이니까 덕으로 다스려야 한다'는 식의 언변입니다. 권력자에게 접근한 다음에는 '나라를 다스리는 자와 다스림을 당하는 자는 하늘이 구분해서 내린다'는 천명사상(天命思想)을 표현하며 권력자에게 거침없이 아부하고 자신이 중용되기를 바랐습니다.

▽ 유가의 사람들은 '지배 계층은 예로 다스리고, 백성은 법으로 다스려야 한다'는 천민차별사상도 갖고 있습니다.

**정치와 논쟁을 좋아합니다.**

공자를 포함하여 유가의 사람들은 모두가 정치적인 논쟁에 골몰하느라 집안을 돌보지 않았습니다. 게다가 모두가 백수라서 돈은 벌어오지 못했지만, 복장과 음식, 격식 등을 중시하여 사치스럽고 까다로운 생활을 영위했습니다. 그래서 공자와 그의 3대 제자들까지 모두 이혼당했습니다. 정확하게 표현하면, 집구석은 돌보지 않고 정치판만 기웃거리는 한편, 자신의 자존심과 안락함을 추구하며 세월을 보냈기에, 부인들이 생활고로 가출했습니다.

▽ 부인들이 가출하자, 자신들의 터무니없는 행위는 반성하지 않고 생활고에 시달리다가 견디지 못해 가출한 부인들을 빗대어 '여자와 소인은 다루기가 어렵다. 가까이 하면 교만하고, 멀리하면 원망한다'는 말을

남겼습니다. 이 한마디의 말 때문에 2,000년이 넘도록 유교권의 여자들은 억압 속에서 살아왔습니다. (후유증이 지금도 남아 있을 것입니다.)

**출세 지향적입니다.**

공자는 '혹시 어느 나라에서 자리를 마련해 주지는 않는가?' 하는 요행을 바라며 세상을 떠돌아다녔습니다. 그가 전국 유세를 시작했을 때, 그의 나이는 당시 나이로는 노령인 56세였습니다.

공자는 자기가 찾아가서 만난 왕에게 '세상이 어지러우니까 예(禮)에 의한 덕치(德治)를 실현해야 한다'라고 했습니다. 정승이 되고 싶다는 표현은 직접 하지 않고, 은근히 바랐습니다. 그러나 공자를 등용시켜 준 왕은 없었습니다. 그래서 '상갓집 개처럼 초라한 몰골을 하고 있는 사람'이라는 소리를 들을 정도로 처참한 상황일 때도 있었습니다. 상갓집에서는 개를 거두어 먹일 겨를이 없기 때문에 개가 굶주려 초라한 몰골이 되는데, 공자의 초라한 행색을 본 사람이 공자를 거기에 비유한 것입니다.

유교를 국교로 채택한 최초의 국가는 한나라(한 무제(武帝, 재위 BC141-BC87))인데, 거기에는 이유가 있습니다.

유방이 세운 한나라는 개국 초기에는 도가(道家)의 사상을 중시했습니다. 요와 순임금의 통치 행적이 모태인 유가의 사상은 국력을 신장시키기에 개념이 나약했기에, 전설로 전해지는 전투형 임금인 황제(黃帝)의 통치사상을 근본으로 하는 도가의 사상을 선호한 것입니다.

그런데 유방의 뒤를 이은 한 제국의 황제들은 어머니의 친척들과 할

머니의 친척들 등 황제의 외척과, 제멋대로 노는 신하들 때문에 황제 노릇하기가 쉽지 않았습니다. 황권을 확립하기에 급급한 상황입니다. 그런 상황에서 황제에 오른 무제가 주위를 둘러보니 '君君 臣臣 夫夫 子子(군군 신신 부부 자자)'라는 말을 입에 달고 다니는 무리가 보였습니다. 유가의 사람들인데, 이는 '신하가 반역하면 안 되고, 모든 사람은 자신의 위치를 지켜야 하며, 군주에 대하여는 만백성이 (신처럼) 철저히 받들어 모셔야 한다'는 의미입니다. 그런 사고를 지닌 자들을 키우면 황권이 확립될 것이라고 판단한 무제는 동중서(董仲舒, BC170?-BC120?)라는 유학자의 건의를 받아들여 유교를 국교로 채택했습니다.

▽ 유교가 일개 국가의 국교로 최초로 정식 채택된 것은 한나라(한 무제) 때이나, 유교의 학문인 유학이 실제로 꽃을 피운 시기는 그로부터 1,200여 년이 지난 송나라 때입니다. 그런데 송나라는 유학으로 인해 학문은 어느 정도 발달했지만, 문약한 유학자들로 구성된 관리들이 포청천이라는 가상의 인물이 만들어질 정도로 국가를 부패하게 만들었습니다. 결국 송나라는 몽골족에 의해 멸망하고 중국 대륙에는 원(元)나라가 세워집니다.

유가의 사람들은 미래에 대한 발전적인 시각이 없고, 과거를 답습하며 안주하려고 합니다. 게다가 자기들끼리 담합하여 권력의 벽을 쌓고, 다른 사람은 그 내부에 들어오지 못하게 합니다. 옹졸하며 이기적이고도 배타적입니다.

그들은 단지 자신이 속해 있는 집단 내에서 자신의 지위를 올리는 데만 급급합니다. 따라서 이상한 논리나 격식을 놓고 따지다가 갈라져 붕당을 만들어 서로 간에 싸움질에 몰두하고, 모함하는 짓을 합니다. 무리 짓는 것을 좋아하고, 상대방의 흠을 잡아 상대방을 제거하는 행위에 능합니다. ('무능하고도 나약한 인간'이라는 의미로 쓰이고 있는 고사성어 '백면서생(白面書生)'은 유가의 선비들을 가리키는 용어입니다.)

▽ 이렇게 표현하니까 제가 유가에 대해 반감을 갖고 있는 사람처럼 보일 수 있지만, 역사에 기록된 사실을 분석하여 평이하게 기술할 뿐입니다.

춘추전국시대에는 수십 개의 사상적인 학파가 존재했는데, 각 학파는 자기주장만 펴는 식이었습니다. 다른 학파가 주장하는 사상과 철학에 대해 노골적으로 헐뜯는 일은 피했습니다. 그러나 단 한 가지 예외로, 유가를 제외한 다른 학파들은 거의 모두가 유가의 사람들을 멸시하거나, 유가의 사람들이 지닌 이중적인 인격과 태도를 비웃었습니다.

도가의 사람들은 유가의 사람들이 추구하는 출세 지향적인 행동에 대해 '쓸데없는 욕심으로 고생하는 사람들'이라고 비웃었고, 법가인 한비자는 '명확한 근거와 기준이 없는 뜬구름 잡는 식'이라고 하며 유가의 이론을 비판했습니다. 묵가(墨家)의 사람들은 행동은 하지 않고 입으로만 떠들고 있는 그들을 우습게 보았습니다. 병가(兵家)의 사람들은 '무능하고도 나약한 사람들'이라고 하며 그들을 상대하지도 않았습니다.

그뿐 아니라 춘추전국시대의 어떤 왕도 유가의 사람을 기용하지 않았습니다. 나약한 사상을 지닌 그들을 등용시켰다가는 나라를 말아먹을 것 같았기 때문입니다. (유가의 사람들은 정치를 하고 싶은 마음에 몸이 근지러웠지만, 공자만이 노(魯)나라에서 잠시 관직에 올랐을 뿐, 증자, 자사, 맹자, 순자 등 유가의 거두들을 포함하여 공자의 몇 대 제자들까지 변변한 관직에 올라 본 사람이 없습니다. 관직에 오르지 못한 그들은 고향에서 어린아이들에게 글이나 가르치다가 생을 마감했습니다.)

지금까지의 이야기에 대해 독자분들께서는 "요즘은 과거와 같은 유가의 사람들이 없다"라고 말씀하실 수 있습니다.

그런데, 그런 사람들은 상당히 많습니다. 여기서 말씀드리는 유가형의 사람이라 함은 유학 그 자체를 좋아하거나 연구하는 사람을 말하는 것이 아닙니다. 그럴듯한 외모에 잘 차려 입고 목에 힘이 들어간 엄숙한 언행으로 일의 본질은 제쳐 두고 자기 개인의 위상만을 높이려고 노력하는 무능한 사람을 말합니다. 아마 주위에 많을 것입니다.

유가형의 사람을 조직의 높은 자리에 앉히면 조직에 해악을 끼칩니다. 밖으로 내보이는 모습에 비해 능력이 부족한 경우가 대부분이고, 사소한 격식을 따지며 조직의 목표와 업무의 본질을 흐리며, 또 논쟁을 좋아하기 때문에 한계를 맞게 됩니다.

▽ 유가형의 사람은 자신의 무능함을 숨기는 데 능합니다. 사람을 볼 때는 여러 각도에서 세심하게 관찰하여 외적인 모습(그럴듯한 외모, 복장, 엄숙한 태도와 언행)에 속지 않아야 합니다.

▽ 유가형의 사람은 자기보다 더 높은 사람 혹은 자신보다 강자를 대할 때는 필요 이상으로 예의와 격식을 차립니다. 그리고 아부에 능합니다. 따라서 고객을 관리하는 곳이나, 국가의 관리를 상대하는 보직에 배치하면 의외로 잘 해냅니다.

### ◆ 법가형(法家型)의 사람들

법가의 사람은 '관포지교(管鮑之交)'라는 고사성어가 만들어지는 데 영향을 준 관중(管仲, ?-BC645), 진(秦)나라 재상인 상앙(商鞅, ?-BC338), 진시황을 도와 중국을 통일하는 데 기여한 이사, 학식으로 유명한 한비자 등이 대표적인 인물입니다.

법가의 사람들은 '부국강병을 이루기 위해서는 법과 제도를 완비하고, 상과 벌을 철저히 집행해야 한다'는 이론을 제시했습니다. 특정한 사상 체계라기보다 국가 운영에 대한 방법론입니다. 따라서 국가 운영에 대한 현실적인 방안을 제시하는 그들은 국가에 중용되는 경우가 많았고, 대부분이 높은 지위에 올랐습니다. 관중은 춘추시대의 제나라에서, 상앙은 전국시대의 진(秦)나라에서, 이사는 진시황의 밑에서 재상이 되었습니다.

게다가 그들이 일한 나라는 강국이 되었습니다. 관중이 일한 제나라는 춘추 5패국에 속하는 강국이 되었고, 상앙이 일한 진나라는 전국시대 7개국 중 최강국이 되었습니다. 이사는 상앙이 일했던 진나라의 재상이 되어 진시황이 중국을 통일시키는 데 기여했습니다. (역사적인 예를 볼 때, 단시간 내에 강대국이 되기 위해서는 강력한 법치국가가 되어야 함이 마땅합니다.)

 법가는 도가의 철학과 유가의 학문을 습득하는 등, 철학과 학문을 겸비한 인텔리들입니다. 그러나 그들은 남들이 고개를 돌릴 정도로 잔인하고 인정이 없었습니다.

 상앙의 예를 보면, 상앙은 위(衛)나라에서 태어났지만 위(魏)나라로 벼슬하러 갔습니다. 그러나 위(魏)나라 혜왕(惠王, 재위 BC371-BC335)은 그의 각박함을 보고 멀리했습니다. 상앙은 다시 진(秦)나라로 가서 효공(孝公, 재위 BC362-BC338)의 신임을 얻어 재상이 되었는데, 죄를 지으면 친인척까지 함께 처벌하는 연좌제를 만들고, 법을 어긴 자를 고발하지 않으면 허리를 베는 가혹한 형벌을 제정했습니다. 자기 개인의 이익만을 추구하는 상공업자, 혹은 게으름 때문에 가난하게 살아가는 자들은 본인은 물론 처자식들까지 모두 관의 노비로 삼는 법을 만들었습니다. 그러자 나라 안에는 도둑이 없어지고 길에 물건이 떨어져 있더라도 줍는 사람이 없었습니다. 부강한 나라가 된 것입니다. ('도불습유(道不拾遺)'라는 고사성어가 만들어지는 데 영향을 준 사람이 상앙입니다. 도불습유는 '길에 떨어진 물건을 사람들이 주워 가지 않을 정도로 부강한 국가'를 표현하는 고사성어입니다.)

 상앙은 벌을 과중하게 정하고 융통성 없이 철저하게 집행한 나머지 모든 사람의 적이 되었고, 이로 인해 역적으로 몰려 위(魏)나라로 도망했습니다. 그런데 위나라 사람들은 도망 온 상앙을 잡아서 진나라로 돌려보냈습니다. 그의 잔인함을 알고 있기 때문에, 그가 살아 있는 상태로 자기 나라 안에 존재한다는 그 자체가 두려웠던 것입니다. 진나라로 돌려보내진 상앙은 자신이 살아남기 위해 반란을 일으켰으나 실패하여 사망한 후, 온몸이 찢기는 보복 형벌을 받았습니다.

▽ 상앙은 세계에서 최초로 여관의 숙박계 제도를 만든 사람입니다. 죄를 짓고 도주하는 자들을 쉽게 잡기 위해 그가 만든 제도인데, 상앙 자신이 역적으로 몰려 도피할 때 상앙은 여관에 들지 못했습니다. 자기가 만들어 놓은 숙박계 제도 때문입니다.

 세상에는 법가 유형의 사람이 많습니다. 남의 잘못은 법대로 하자고 하며 철저히 따지면서, 자신의 잘못은 인간적인 도리를 따지는 모순을 보이는 사람입니다. 상앙의 경우, 법을 중시한 자신의 평소 모습대로라면 진나라에서 도망하지 않고 법대로 심판받아야 했습니다. 그러나 그는 위나라로 도망했습니다. (법의 논리 정도로는 권력에서 뿜어져 나오는 주먹의 힘을 당해 내지 못한다는 사실을 잘 알고 있기 때문에 도망했을 것입니다.)

▽ 법가 유형의 사람을 현장에 배치시키면 고객이 떨어져 나갑니다. 상대방이 실수하면 용서하지 않고, 또 사소한 것도 양보하지 않기 때문입니다.

▽ 법가 유형의 사람은 창조성이나 융통성이 없어서 각박한 반면, 고지식합니다. 돈을 만지거나 서류 작성하는 일, 혹은 작은 조직의 중간 지휘자로 배치하면 잘 해냅니다.

### ◆ 도가형(道家型)의 사람들

　도가의 사람은 노자(공자와 동시대 사람이라고 하나, 미상인 인물)와 장자(莊子, 본명 장주(莊周), BC369?-BC286?)가 대표적인 인물이지만, 그 외에도 열자(列子), 양자(楊子), 팽몽(彭蒙), 관윤(關尹)이라는 사람도 있습니다.

　도가의 사상은 '무위(無爲)'입니다. 유가의 '교화사상(敎化思想)'과 반대되는 개념입니다. 도가의 핵심 사고는 '이 세상에 명확한 기준은 없다. 없는 기준을 억지로 만들어 (힘들게 살아가고 있는) 백성들에게 강요하지 말고, 그들을 그대로 내버려 두어 나름대로 편히 살아가도록 해야 한다'는 것입니다.

　유가의 사상은 중국의 북쪽 지방에서 발달했지만, 도가의 사상은 날씨가 더운 중국의 남쪽 지방에서 발달했습니다. 그래서인지 도가의 사상은 게으른 스타일입니다. 머릿속으로만 생각하고, 편한 상태를 중시하며, 자신을 속박하는 격식과 형식을 싫어합니다. (『도덕경』과 『장자』를 읽어 보면 이해가 갈 것입니다.)

　그런 도가의 사람들은 유가의 사람들을 비웃는 경향이 많습니다. 허례허식(과도한 관혼상제)에다가, 먹고사는 데 직접적인 도움이 되지 않는 학문과 관련된 이야기로 서로가 얼굴을 붉히며 싸움질하기 일쑤이고, 권력을 얻기 위해 위선까지 동원해 가며 바지런히 싸돌아다니는 유가의 사람들은 도가의 사람들이 볼 때 이해가 가지 않는 사람들입니다.

▽ 사람을 배치하고 보직시킬 때, 유가형의 사람이 상관인데 도가형의 사람을 밑에 배치시키면 그 조직은 발전하기 어렵습니다. 밑에서는 상관을 우습게 보는 한편, 위에서는 아랫사람을 게으르고 천한 자라고 생각하기 때문입니다.

위와는 반대로 도가형의 윗사람과 유가형의 아랫사람으로 구성되면 어느 정도 안심해도 됩니다. 도가형의 사람은 게으르고, 유가형의 사람은 인내심을 갖고 예의를 지킬 것이기 때문입니다.

▽ '끝없이 공허한 곳, 즉 무(無)에서 창조되어 언젠가 다시 무로 돌아간다'는 것이 도가의 생멸사상입니다. (어딘지 모르는 곳에서) 빈손으로 왔다가 빈손으로 (어딘지 모르는 곳으로) 돌아간다는 이야기입니다. 종국에는 빈손으로 사라지는 것이 인간의 삶이라 여겨지기 때문에, 권력과 재물 등을 얻기 위해 남들과 아옹다옹 다투며 귀찮게 살아갈 필요가 없다는 사고를 지닌 사람들이 도가의 사람들입니다. (유교와 도교(노자 계열)는 종교로 보지 않습니다. 공자는 죽음 후의 세계를 신의 세계가 아닌 미지의 세계로 보았고, 『도덕경』에서는 신에 대한 언급 없이 생멸을 무(無)에 귀속시켰기 때문입니다.)

◆ 병가형(兵家型)의 사람들

병가의 대표적인 사람으로는 손무, 손빈, 오기 등을 꼽습니다. 그런데 사마양저(司馬穰苴), 울료자(尉繚子, ?-?), 장량, 한신(韓信, ?-BC196), 오자서(伍子胥, ?-BC484), 범증(范增, ?-BC204) 등도 병가의 사람입니다. 중국 춘추전국시대에는 병가의 사람이 많았는데, 전쟁이 많아 대다수의 사람들이 출세하기 쉬운 병법가의 길을 택했기 때문입니다.

병가의 사람들은 애국심이 많고 비교적 청렴한 사람들입니다. 또한 군인으로서 일생을 보내지 않고 강태공, 사마양저, 오기처럼 정치판에 진출하여 성공을 거둔 사람도 많습니다.

▽ 죽고 죽이는 전쟁터를 휘젓고 다니던 병가의 사람이 정치판을 볼 때, 정치판은 무능하고 나약한 인간들(백면서생들)이 모여 하릴없이 입씨름이나 하면서 시간을 보내고 있는 한심하고도 엉성한 곳입니다.

병가의 사람 중에는 사회에 진출한 후 고난을 겪은 사람들이 적지 않습니다. 외국과의 큰 싸움에는 강하지만, 사회 혹은 정치판에서 사용하는 교활한 작은 술수에는 약하기 때문입니다.

손빈은 젊었을 때 함께 일하던 전략가인 방연에게 모함을 당하여 두 다리가 잘리고 얼굴에 문신이 새겨지는 벌을 받았습니다.

오기는 자신을 신임하던 초나라 도왕(棹王, 재위 BC402-BC381)이 죽자, 반란을 일으킨 대신들에 의해 죽임을 당했습니다.

한신은 너무도 뛰어났기에, 후환이 될 것을 두려워한 유방의 부인 여태후가 반역 죄인으로 몰아 죽었습니다.

오나라의 병법가 오자서는 오왕 부차로부터 버림받은 후 처형당했습니다. 백비라는 간신(정치꾼)의 모함이 원인입니다.

그런데, 그들은 자신을 괴롭힌 적에게 복수했습니다. 손빈은 탈출 후 자신을 모함했던 방연을 전쟁터에서 죽였고, 오기는 자신을 죽인 대신들이 처형당하게 만들었습니다. (이에 대한 이야기는 부록 2에 기술했습니다.) 오자서는 아버지와 형을 처형한 초나라를 공격하고 복수했습니다. 전쟁하는 것이 직무라서인지, 그들은 자신을 공격한 적에 대해 악착같이 보복하는 의지와 능력을 지녔습니다. (악착같이 보복할 의지와 능력을 지닌 사람들이기 때문에, 그들을 함부로 괴롭히지 않아야 합니다.)

요즘도 옛날의 병가들과 유사한 사람이 많습니다. 애국심도 있고, 정치적인 수완도 있고, 야심도 있는 사람입니다. 그들이 잘하는 행동은 윗사람을 쫓아내고, 윗사람이 앉아 있는 의자를 빼앗아 자기가 앉아 버리는 것입니다. 만일 측근에 그런 사람이 있다면, 그에게서 눈을 떼지 않아야 합니다. 머리가 잘 돌아가는 데다 야심이 많기 때문에, 눈을 떼면 사고를 칩니다.

▽ 중국이 세계에 내세우며 자랑하고 있는 7권의 병서, 즉 '병가 7서'를 연대순으로 나열하면 강태공의 「육도」, 손무(손빈)의 「손자병법」, 사마양저의 「사마법」, 오기의 「오자병법」, 울료의 「울료자」, 장량의 「삼략」, 이정(李靖)의 「이위공문대」입니다.

「육도」와 「삼략」은 제자백가의 여러 사상이 통합 수용된 내용으로 볼 수 있고, 「손자병법」은 도가의 사상이 바탕이며, 「울료자」는 법가의 사상, 「오자병법」과 「사마법」은 유가의 사상이 근본입니다. 「이위공문대」

는 전국시대보다 훨씬 이후인 당나라 때 만들어진 병서로, 앞선 6권의 병서에 대하여 당태종과 이정이 각기 해석하며 토론한 내용을 문답식으로 기술해 놓았습니다.

▽ 병서의 사상적인 차이는 지휘통솔 방법에서 나타납니다.

유가의 사상을 지닌 병서는 왕과 국가에 대한 충성, 의(義), 예(禮) 등 대의명분을 중시합니다. 주입식 세뇌입니다.

도가의 사상을 바탕으로 한 병서는 '병사들이 살아남기 위해 스스로 목숨 걸고 싸우게 만든다'는 식입니다. 내면에 존재하는 생존의 본능을 자극시켜 용감하게 만드는 것입니다.

법가의 병서는 '옆에 있는 병사보다 전진이 늦는 자는 처형하고, 적에게 항복한 장수는 그의 조상 묘까지 파헤치는 벌을 준다'는 방식입니다. 강력한 법을 제정하고, 법의 두려움에 의해 병사들이 따르도록 하는 것입니다.

▽ 『육도』를 지은 강태공은 제자백가적인 사상 체계가 성립되기 훨씬 이전의 인물이지만, 편의상 병가형의 사람에 포함시켰습니다. 병서를 남긴 사람이며, 병법가였기 때문에, 그렇게 하더라도 무리가 없을 것 같습니다. (지금 전해지고 있는 『육도』는 강태공이 생존하던 시기(BC 11세기)보다 훨씬 후대인 수나라(AD581-AD618) 때 제작된 것이라는 설이 있습니다.)

### ◆ 묵가형(墨家型)의 사람들

묵가의 사상을 창시한 묵적(墨翟, BC479-BC381)에 대한 신상은 알려진 것이 별로 없습니다. 천민 출신이었다고도 하고, 묵으로 얼굴에 문신을 새기는 형벌을 받은 죄수 출신이었다고도 합니다. 직업은 적의 성을 공격하는 장비를 제작하는 장인(匠人)이었다고 합니다.

묵가의 사람들은 유가의 사람들을 매우 싫어했는데, 유가의 사람들이 백성들로 하여금 많은 비용과 노력을 들여 관혼상제를 성대하게 치르게 하는 것에 대해 '백성들에게 불필요한 고통을 주는 짓'이라고 했습니다. 게다가 자신이 관혼상제를 주관하는 집에 자신의 식솔들을 모두 데리고 가서 며칠씩 배불리 먹이며 그 집의 기둥뿌리가 뽑히도록 울려 대는 유가의 사람들을 파렴치하다고 했습니다. 또한 유가의 사람들이 논리만 앞세우고 행동은 하지 않는 모습에 대하여 '입으로만 박애니 사랑이니 하지 말고, 실천에 옮겨야 한다'라고 했습니다. 관혼상제를 성대하게 하여 백성에게 부담을 주고, 거기에서 자신의 실속을 챙기며, 또 말만 앞세우는 유가의 사람들을 노골적으로 비난한 것입니다.

그런데 유가의 사람인 맹자는 묵가의 사람들을 증오할 정도로 싫어했습니다. 그 이유는, 묵가의 사람들이 만민평등사상을 주장했기 때문입니다. 맹자는 왕권을 옹호하면서 '통치자는 하늘이 낸다'라고 했는데, 묵가의 사람들은 '모든 사람은 평등하다'라고 했습니다. 맹자의 사상 자체를 부정한 것입니다. 그래서 맹자는 묵가의 사람들이라고 하면 두 눈에 쌍심지를 돋우었습니다.

묵가의 사람들이 주장한 것은 박애, 실용, 실천, 평등, 평화 등 인간에 대한 사랑과 실천입니다. 특히 실천을 강조했습니다. 그런 묵가의 사람들은 집단을 형성하여 함께 돌아다니기도 했는데, 그들이 지닌 사고와 행동은 요즘의 기독교 선교단체에 속해 있으면서 자원봉사에 임하는 사람들과 유사합니다.

묵가형의 사람은 심성이 곧고 열심히 살아가는 스타일이지만, 높은 이상과 뚜렷한 철학, 거기에 자신이 지닌 사고를 실천에 옮기는 행동력 때문에 평범하게 살아가지 않습니다. 특히 남의 밑에 안주하며 살아가지 않습니다. (자기 고집이 있어서 윗사람의 지시를 거부하는 상황도 흔히 발생합니다.)

만일 묵가형의 사람이 밑에 있다면, 그의 후임자를 물색해 놓아야 합니다. 머지않아 그만두고 떠날 것이기 때문입니다.

◆ **종횡가형(縱橫家型)의 사람들**

종횡가는 소진과 장의가 대표적 인물인데, 어떤 뚜렷한 사상 체계를 확립하지는 않았습니다.

종횡가의 목표는 오로지 자기 자신의 출세입니다. 자신의 출세를 그 무엇보다 우선으로 여겼고, 남과의 의리나 신뢰 등은 그들의 머릿속에 들어 있지 않은 단어들입니다. 그들은 자기가 필요할 때 필요한 방향으로 말하고, 찬성 혹은 반대의 의견을 자신의 이익에 따라 기존에 자신이 제시했던 것과 전혀 다르게 말하기도 합니다. 요즘의 철새 정치인들과 비슷한 사람들입니다.

합종설과 연횡설도 그렇습니다. 합종설과 연횡설은 확고한 개념을 바탕으로 한 이론이 아닙니다. 자신이 출세하기 위한 방향으로 주장하다 보니까, 소진은 합종설, 장의는 연횡설로 각기 귀착했습니다. (소진이 합종설로 6개국에서 출세하자, 장의는 진나라에서 출세하기 위해 그와 반대되는 개념인 연횡설을 주장하여 성공했습니다.)

만일 위와 같은 스타일의 사람이 주위에 있다면, 항상 조심해야 합니다. 필요하면 달라붙어 이용하다가, 자신에게 조금이라도 손해가 오면 지난날의 고마움이나 의리를 한순간에 저버리고 언제고 돌아서며 배신할 것이기 때문입니다.

▽ 그들을 식별하는 방법은, 그들이 하는 말에 대한 일관성을 분석하는 것입니다. 일관성 없이 필요에 의해 말을 바꾸는 사람이라면 종횡가형의 사람일 확률이 높습니다.

◆ **명가형(名家型)의 사람들**

명가의 사람으로는 혜자(惠子, BC380-BC300)와 공손룡(公孫龍)이 대표적인 인물이며, 그들은 당시에 존재하던 여러 사상을 수렴하기는 했지만 특정 사상 체계를 확립하지는 않았습니다. 그들은 단순히 눈앞에 보이는 현상만을 놓고 말을 만들어 입으로 즐기는 스타일인데, 예를 들면, '사람은 태어나는 순간부터 죽어 가고 있다'는 식입니다. 엉뚱한 이야기를 생각해 낸 후 논리를 세워 혼자 즐기거나, 실없는 이야깃거리를 만들어 남들과 대화하며 즐겼습니다.

그들의 장점은 심성이 괜찮다는 것입니다. 『장자』에는 혜자가 장자에게 망신당하는 내용이 간혹 기술되어 있는데, 그렇다고 해서 혜자가 화를 내는 부분은 없습니다. 망신을 당하더라도 그러려니 하고 넘어갔습니다.

명가형의 사람은 돈키호테적인 면이 있고, 조금만 칭찬해 주어도 좋아하며, 하루 종일 요상한 이야깃거리를 연구하고 만들어 냅니다. 따라서 사무실에 앉히면 주위 사람들이 현혹되어 업무에 집중하지 못합니다. 그러나 대외 선전 요원, 혹은 영업직에 기용하면 남들보다 탁월한 성과를 올릴 것이 틀림없습니다.

▽ 명가가 만들어 내는 이야기는 궤변에 가깝지만 논리가 정연했습니다. 따라서 혜자의 논리에 현혹된 당시의 왕들은 혜자의 이야기를 듣기 위해 그를 초청하는 경우가 많았습니다.

# 28 지능과 활동성도 타고난 천성입니다.
## 대형 사고형을 멀리해야 합니다.

【지능과 행동에 따른 분류】

사람을 구분할 때 지능과 행동 방식에 따라 지휘관형, 참모형, 일꾼형, 대형 사고형으로 구분하기도 합니다. 이는 앞에 기술한 독일의 젝트 장군이 언급했다는 설이 있지만, 그 이전에 생존한 클라우제비츠가 『전쟁론』에 유사한 내용의 글을 남겼습니다. 독일인이 사람을 분류하는 일반적인 방법인 것 같습니다.

1. **머리가 좋지만 게으른 사람입니다.**

    이런 사람은 하나를 들으면 열 가지를 판단합니다. 판단 후, 자기가 나서지 않아야 할 일에는 모르는 척합니다. 자기가 맡은 업무는 철저히 완수하지만, 목표 달성에 불필요한 일을 놓고 부하들을 괴롭히거나 간섭하는 경우가 거의 없습니다.

    지휘관으로 적격이며, 지휘관이 아닌 다른 업무를 맡는다면 게으른 사람으로 인정받을 수 있습니다.

2. **머리가 좋고 부지런하기도 한 사람입니다.**

    머리가 좋기 때문에 모든 것을 빨리 알아챈다는 장점이 있는 반면, 부지런한 성격 때문에 참지를 못합니다. 이런 사람이 지휘관이 되면 그의 명석한 두뇌와 부지런함 때문에 밑에 있는 사람이 힘들어서 버텨 내지 못합니다.

전형적인 참모형입니다. 게으르고 현명한 사람의 밑에서 일한다면 성공할 스타일입니다.

### 3. 머리가 나쁘고 게으른 사람입니다.

발전성은 별로 없지만, 정확하게 찍어서 일을 시키고 가끔 칭찬해 주면 신바람이 나서 단순한 업무 정도는 잘 해냅니다. 일꾼형입니다.

### 4. 머리가 나쁘고 부지런한 사람입니다.

이런 사람은 부지런히 돌아다니며 이것저것 마구 건드려서 대형 사고를 유발하기 때문에, 조직을 맡기면 말아먹습니다. 참모를 시키면 그가 사고 칠 것이 걱정되어 지휘관이 그를 감시하느라고 다른 일을 하지 못합니다. '대형 사고형'이라서 행동 대원도 시킬 수 없습니다. '존재하지 않는 것이 도와주는 형'입니다.

▽ 클라우제비츠가 제시한 이상적인 지휘관의 모습은 감정이 격앙되었을 때도 균형을 잃지 않는 사람, 가슴속에서의 아우성이 폭풍우와 같음에도 불구하고 통찰과 신념을 잃지 않는 사람입니다. 어떤 경우에도 흔들림이 없는 냉철한 사람을 말합니다.

# 29 세월 앞에서는 장사가 없습니다. 나이는 속이지 못합니다.

【맥법(脈法)에 의한 이론】

한방에서 이야기하는 맥법에 의한 이론입니다.
10대 이전에는 도망 다니기를 좋아하고,
20대는 뛰기를 좋아하며, 30대는 걷기를 좋아한다.
40대는 앉기를 좋아하고, 50대는 눕기를 좋아한다.
60대가 넘으면 낮잠 자기를 좋아한다.

요즘은 영양 상태가 좋고 건강 관리를 잘하여 사람의 수명이 늘어났기 때문에 나이대가 맞지 않을 수 있지만, 나이가 들면 기력이 떨어지는 것이 사실입니다.

▽ 편작도 위와 같은 이야기를 했는데, 전설적인 한의사인 그는 그의 의술을 시샘한 다른 한의사가 보낸 살인자에 의해 죽임을 당했습니다. 편작이 언급한 불치병 6가지는 다음과 같습니다.

① 교만 방자하여 도리를 좇지 않는 것, ② 건강보다 재물을 소중히 여기는 것, ③ 의식을 알맞게 하지 않는 것, ④ 내장에 있는 음양의 기운이 안정되지 않는 것, ⑤ 약을 복용할 수 없을 정도로 신체가 쇠약한 것, ⑥ 의사를 믿지 않는 것.

# 제 4 장

# 사람을 모으고
# 조직을 잘해야 합니다

이익이 있으면 몰려오고,

손해가 예상되면 멀리 피하는 것이

당연한 모습입니다.

# 30 이 세상의 일은 사람이 행합니다.
## 많이 모일수록 더 큰일을 해낼 수 있습니다.

【역사의 흐름을 바꾼 사건】

인류의 역사에 지대한 영향을 주었거나, 역사의 흐름을 바꾸어 놓은 사건을 나열해 보았습니다. (사회 인문계 기준입니다.)

석가모니(釋迦牟尼, BC624-BC544)의 탄생과 불교의 성립
알렉산더 대왕(Alexandros the Great, BC356-BC323)의 동방 진출
한 무제에 의한 실크로드 개척(BC 130년경)
로마 제국의 정복 활동
예수(Jesus, BC5?-AD30?)의 탄생과 기독교 성립
마호메트(Mahomet, 570-632)의 탄생과 이슬람교 성립
십자군전쟁(1096-1291)
칭기즈칸(成吉思汗, 1162?-1227)의 정복 활동
서인도 제도 발견(1492)과 열강의 식민지 확보 경쟁
프랑스대혁명(1789-1794)
나폴레옹(Napoleon Bonaparte, 1769-1821)의 활약
칼 마르크스(Karl Marx, 1818-1883)의 공산주의 이론 정립
러시아의 공산주의 혁명(1917)
히틀러에 의한 제2차 세계대전(1939-1945)
소비에트 연방의 해체와 공산주의 몰락(1992년 이후)

보이지 않는 힘으로 신께서 사람을 조종한 결과였는지는 알 수 없지만, 외형적으로 보면 모두가 사람들에 의해 이루어진 사건과 현상입니다.

▽ 개인이 혼자 해낼 수 있는 일은 지극히 한정되어 있습니다. 사람을 많이 모아야 큰일을 추진할 수 있으며, 사람을 많이 모을수록 그만큼 더 큰일을 해낼 수 있습니다.

▽ 돈과 권력은 자연에서 자연적으로 형성되어 자연의 상태에 존재하고 있는 것이 아닙니다. 사람들이 만들어서 사람들이 보유하고 있는 것입니다.

# 31 이익이 있어야 몰려옵니다.
## 이익이 사라지면 사람들이 떠나갑니다.

【염파(廉頗, ?-?)의 식객들】

중국 전국시대의 염파는 강대한 진나라에 대항하여 조(趙)나라를 지킨 명장입니다. 간신의 모함에 의해 염파가 쫓겨나자 조나라는 몰락했고, 결국 진나라에 의해 멸망당했습니다(BC222).

염파가 진나라에 패하여 관직에서 잠시 쫓겨났습니다. 그러자 염파의 집에 머물던 식객들이 모두 떠났습니다. 얼마 후 염파가 복직되자, 떠났던 식객들이 다시 몰려와 예전처럼 문전성시를 이루었습니다. 식객들의 그런 모습에 화가 치민 염파는 "식객들은 보기 싫으니 모두 떠나라!"라고 소리를 질렀습니다.

그러자 어떤 식객이 나서서 염파에게 말했습니다. "식객들이 모여들고 떠나는 것은 마치 장마당에 나와 있는 물건을 보고 사람들이 모여들고 떠나는 것과 같은 이치입니다. 장군이 직책을 잃자 식객들이 떠난 것은 나쁜 물건을 보고 사람들이 등을 돌린 것과 같은 현상이고, 장군이 복직되자 다시 몰려든 것은 나쁜 물건인 줄로 알았던 것이 좋은 물건으로 판명되어 다시 찾아온 것과 같은 형국입니다."

그 말을 들은 염파는 아무 일 없었다는 듯이 식객들을 예전과 같이 대했습니다.

▽ 자신의 영향력이 약해지면 혹은 자신에게서 나오던 이익이 끊어지면 사람들이 등을 돌리고 떠납니다. 사람들이 떠나고 몰려오고 하는 것은 자신이 지닌 영향력과 자신에게서 나오는 이익의 크기에 달려 있습니다.

### 【샤를마뉴(Charlemagne, 742-814)의 통솔 방법】

유럽을 지배하던 로마가 붕괴되면서 혼란을 거듭하던 유럽을 통일시키고 신성로마 제국을 건설한 샤를마뉴는 프랑크의 왕 피핀의 맏아들로, 어렸을 때부터 아버지를 따라 전쟁에 참여했습니다. 아버지를 따라 영토 확장 전쟁에 참여하면서 영토의 소중함을 깨달은 샤를마뉴는 유럽 전체를 지배하려는 야망을 가졌고, 교회와 권력 사이에 존재하는 미묘한 관계를 터득하자 그 즉시 기독교 신자가 되었습니다. 기독교의 힘을 빌리기 위함입니다.

아버지인 피핀이 죽자 동생과 영토를 나누었으나, 땅에 욕심이 많은 샤를마뉴는 동생이 죽자 동생이 다스리던 영토를 접수하고 조카들의 상속권을 박탈한 후 모두 추방했습니다. 그 후 기독교 메시지를 전파한다는 대의명분을 달아 유럽을 정복했는데, 기독교를 거부하는 사람에게는 한없이 난폭하고 잔인했습니다. 대표적인 사례로 독일의 작센 지방에서 반기독교를 내세운 반란이 일어나자, 이를 진압한 후 반란을 일으킨 4,000여 명을 포로로 잡아 모두 처형했습니다.

샤를마뉴는 군 복무자에 한해 개인이 토지를 보유할 수 있게 하여 사람들이 군인이 되어 전쟁터에 나가기를 원하게 만들었고, 전리품이 생기면 부하들에게 골고루 나누어 주었으며, 열심히 싸우고 충성을 보인 부하에게는 땅을 나누어 주었습니다. 또한 학문, 무역, 상업, 건축을 장려하고 농업을 지원했으며, 무게, 부피 등 도량형 기준을 설정하고 사법 개혁을 이루어 사람들의 삶을 편하게 해 주었습니다.

▽ 유럽의 아버지, 위대한 황제로 불리는 샤를마뉴가 점령한 곳은 프랑스, 독일, 벨기에, 네덜란드, 로마 북부 등 서유럽 지역의 대부분입니다. 샤를마뉴는 기독교 설파라는 대의명분을 내세움으로써 교황과 기독교도들의 지지를 받았고, 다른 한편으로는 사람들 개개인에게 직접적인 이익이 돌아가는 가시적인 정책을 시행하여 모든 사람이 자신을 따르도록 했습니다.

▽ 샤를마뉴가 도와주어 교황이 된 레오 3세가 800년 크리스마스 날 샤를마뉴에게 자신이 왕관을 수여하는 대관식을 거행하겠다고 하자, 샤를마뉴는 무심코 승낙하고 대관식에서 교황이 주는 왕관을 받았습니다. 그런데 이 행사는 교황의 권위가 황제나 왕의 권위보다 더 강해지는 계기를 만들었습니다. 왕관을 교황으로부터 받아야 황제나 왕으로 인정받을 수 있다는 전례를 만든 것입니다. 교황이 주는 왕관을 받는 대관식을 거행한 것은 샤를마뉴의 실수로 보입니다.

# 32   남의 말을 수용할 줄 알아야 합니다.
그 누구도 버리거나 배척하면 안 됩니다.

【유방의 인재 등용과 지휘통솔】

중국 대륙을 통일하고 한(漢)나라를 세운 유방은 평민 출신이라 높은 관직에 오를 수 없는 사람이었습니다. 당시는 신분 사회였기 때문입니다. 게다가 능력도 별로 없었습니다. 『사기(史記)』 등 역사에 기록된 그의 행적을 보면 취미는 술을 좋아하는 것이고, 특기는 여자를 밝히는 것입니다. 그런 유방은 적과의 전투 중인 상황에서도 여자를 밝혀 참모들을 난처하게 만들었습니다.

그런 그가 잘한 것이 있었는데, 그것은 바로 '사람을 모을 줄 알고, 제대로 대할 줄 안다'는 것입니다.

유방의 부하는 남다른 출신이 대부분입니다.

한신은 빌어먹고 다니던 거지였기에 항우가 거들떠보지 않은 사람이고, 다른 장수인 팽월은 도둑 출신입니다. 영포는 도적 떼에 합류한 경력이 있습니다. 다른 사람들도 거의 비슷합니다. (유방 자신이 평민 출신에다가 하급 관리였기에, 그런 사람들밖에 모을 수 없었을 것입니다.)

유방은 자신의 목표인 중국을 통일시켜 지배할 때까지 그들의 천함과 천박함을 따지지 않았습니다. 항상 칭찬해 주고 따뜻하게 대해 주었습니다. 한 사람에게라도 소홀하여 그가 불평하면서 등을 돌리고 떠나면 그것이 빌미가 되어 연쇄 반응을 일으켜 모두가 떠날 수 있기에, 사람을 대할 때는 항상 조심했습니다.

또한 유방은 부하의 말을 잘 들어주었고, 임무를 맡긴 후에는 간섭하지 않았으며, 성공하면 후하게 베풀었습니다. 따라서 유방의 부하들은 모두가 자신의 능력과 소신대로 열심히 일했습니다.

항우를 멸망시킨 후 유방은 이렇게 말했습니다. "내가 항우를 이길 수 있었던 것은 장량, 소하, 한신과 같은 뛰어난 인물이 옆에 있었기 때문이다. 항우가 나에게 패한 원인은 범증과 같은 훌륭한 인물을 제대로 쓰지 못했기 때문이다."

▽ 장량은 『삼략』을 지었으며, 역사적으로 유명한 전략가입니다. 소하는 군수 분야에 뛰어난 사람이었고, 한신은 훌륭한 장군입니다. 유방은 전략, 군수, 전술(전투) 등 핵심 분야에 각기 뛰어난 인물을 갖추었습니다.

▽ 범증(范增)은 항우를 돕던 전략가입니다.
최초에는 항우가 범증의 말을 따랐기 때문에 유방을 누르고 황제(초패왕(楚覇王))가 되었는데, 황제가 된 후부터 항우는 자기 개인의 용맹만을 믿고 자만심에 빠져 범증의 말을 듣지 않았습니다. 범증은 항우에게 바른 말을 계속했지만, 거만해진 항우의 미움을 산 후 고향으로 쫓겨나서 병으로 죽었습니다.

# 33 영웅을 만들어 선전해야 합니다.
## 목숨을 걸게 하려면 그만큼 대우해 주어야 합니다.

【일본의 가미가제(神風) 특공대원】

일본의 '가미가제 특공대원'이라 함은 일본의 주력 전투기인 제로센 비행기에 250kg의 폭탄을 적재하고 미국의 해군 함정에 충돌 공격을 감행한 조종사들을 말합니다. 전세가 이미 기운 제2차 세계대전 말기여서 그들의 희생이 전쟁의 대세를 바꾸지는 못했지만, 그들의 공격 때문에 미국의 해군 지휘관들은 전전긍긍했습니다.

최초의 가미가제 특공 대장은 당시 23세였던 세끼유끼오(關行男)라는 해군 대위입니다. 홀어머니가 있었고, 결혼한 지 얼마 안 된 젊은 해군 장교입니다. 1944년 10월 25일, 그가 폭탄을 적재한 전투기를 몰고 미국의 해군 함정에 돌격하여 자폭했습니다. 그러자 일본 군부는 그를 영웅으로 만들고, 일본 언론들은 그의 영웅적인 희생을 대대적으로 선전했습니다.

언론에서 그를 띄우자, 전체주의적인 국민성을 지닌 일본 국민들은 그를 영웅으로 받들었습니다. 일본의 소녀들은 신문에서 오려 낸 그의 사진을 구해서 잠자리에 들 때 가슴에 품고 누울 정도였고, 국가를 위해 죽은 사람의 유가족에 대하여는 철저히 보살펴 주는 국민성을 지닌 일본인들은 그의 유가족을 영웅의 가족처럼 대우해 주었습니다.

위와 같이 되자, 일본의 젊은 남자들이 너도나도 가미가제 특공대원이 되겠다고 하며 줄을 이어 지원했습니다. 물론 가미가제 특공대원이 된 사람이 모두 용감하게 죽어 간 것은 아닙니다. 영웅 심리에서 지원은 했지만, 막상 죽으러 갈 때가 되어서는 도망하는 사람이 속출했습니다. 미국의 군함을 보았으면서도 보지 못했다고 허위로 보고하고 돌아오는 조종사도 있었습니다.

그러나 여하튼 일본 군부는 가미가제 특공대원의 영웅적인 행동을 이용하여 일본 국민들에게 살신애국의 정신을 심어 주는 데는 성공했습니다.

▽ 영웅은 만들어지는 것입니다. 시국에 필요한 유형의 영웅을 만들어 널리 선전해서 국민(구성원)의 정신을 고양시키고 결집시켜야 합니다. (선전이 없으면 그 누구도 영웅이 되지 못합니다. 잘 다듬어진 스토리와 함께 매스컴의 총체적인 동원이 필수입니다.)

▽ 사람은 분위기를 타는 존재이기 때문에, 매스컴에서 선전하면 그 분위기에 빠져듭니다. 또한 분위기에 빠져들면 자신의 목숨까지 바치는 겁 없는 행위도 서슴없이 합니다. (명예욕이 생존의 본능을 압도하는 기이한 현상을 보입니다.)

# 34. 한 사람이 성패를 가름하는 경우가 많습니다. 사람을 배치할 때는 품성을 보아야 합니다.

【술집의 사나운 개】

중국의 송(宋)나라에 술집을 개업한 사람이 있었는데, 손님이 오지 않았습니다. 이웃 술집에는 손님이 많았습니다. 사람들에게 그 이유를 물어보니까, 다음과 같이 가르쳐 주었습니다.

"당신이 집 앞에 키우고 있는 개는 당신을 보면 꼬리를 흔들고, 당신의 말이라면 죽는 시늉도 합니다. 그러나 그 개는 다른 사람을 위협하고 있습니다. 그 개 때문에 사람들은 당신 집에 가지 않습니다. 게다가 술심부름하는 아이들은 당신 집 근처에도 가려고 하지 않습니다. 그런데 당신은 그 개가 다른 사람을 위협하고 있다는 사실을 모르고 개를 치우지 않고 있습니다. 당신에게 대하는 것처럼, 다른 사람에게도 꼬리를 흔들며 귀여운 짓을 하고 있으리라 생각하고 있는 것입니다."

【중국의 영웅들】

중국은 국토가 너무 넓어서 중앙에서 멀리까지 직접 통치하기가 어렵기 때문에, 국토를 분할하여 지방자치제를 실시합니다. 그런데 제후나 왕을 임명하여 지방으로 보내면, 그중에는 폭정을 일삼는 자도 있습니다. 사리사욕을 채우기 위해 백성들을 착취하고 괴롭히는 것입니다. 제후의 그런 행동이 심해지면 대권에 도전하는 사람이 나타납니다. 나라가 크다 보니까 사람이 많고, 또 그중에는 남달리 똑똑하고 간이 큰 사람도 있어, 폭정을 이용하여 민심을 얻은 후 황제의 자리까지 노리는 것입니다. 사람을 잘못 뽑아 보내면 그 대가는 사람을 뽑아 보낸 황제가 치렀습니다.

▽ 중국이 더 이상 분열되지 않도록 하나의 중국 기반을 확립한 사람은 중국의 이민족인 칭기즈칸의 손자 쿠빌라이칸(忽必烈汗, Kublai Khan, 1215-1295)입니다. 그는 베이징을 건설(1271)하고, 남송을 멸망(1279)시켜 중국을 지배한 후 원(元) 제국을 선포하고 지방의 호족 세력들을 분쇄하여 내란 발생의 근원을 제거했습니다. (쿠빌라이칸은 몽골 최초로 해군을 창설(1268)하여 1274년과 1281년 등 2차에 걸쳐 일본 원정을 시도했으나 태풍으로 각기 2만 명, 4만 명의 병력을 잃고 실패했습니다.)

▽ 진시황이 분서갱유를 단행한 이유는 중앙집권제와 지방분권제의 논란이 원인이라는 설이 있습니다. 어렵게 중국을 통일한 진시황의 입장에서는 중국이 다시 분열되게 하지 않으려면 강력한 중앙의 통제가 필수라고 생각했습니다. 그런데 유학자들은 지방분권제를 주장했습니다. 지방분권제를 해야 자신들이 차지할 높은 자리가 많이 나오기 때문입니다. 진시황의 입장에서는, 지방분권제를 주장하는 것은 땅을 나누어 과거로 돌아가자는 것으로 보였습니다. 반역을 꿈꾸는 자들로 보인 것입니다.

# 35 명성을 믿으면 안 됩니다.
눈으로 직접 확인해야 합니다.

**【지방 현령의 진실】**

중국의 왕이 신하들로 하여금 지방 현령들을 감사하도록 했습니다. 감사를 돌고 온 신하들은 특정 현령을 지칭하며 이구동성으로 포상을 건의했습니다. 감사에 참여하지 않은 신하들도 은근히 그를 칭찬했습니다. 신하들 모두가 특정 인물을 칭찬하는 것이 이상하다고 생각한 왕은 그가 다스리고 있는 곳으로 자신이 직접 가 보았습니다.

그런데 현지에 도착한 왕의 눈에 띈 것은 터무니없었습니다. 백성들은 착취하러 돌아다니는 관리들을 피해 집을 버리고 거지처럼 떠돌아다녔고, 백성의 손길이 닿지 않은 논과 밭에는 잡초만 무성하게 자라 있었습니다. 그곳의 현령은 자신의 명성을 높이기 위해 신하들에게 바칠 뇌물을 준비하느라 백성들을 무자비하게 착취하고 있었습니다.

진실을 알고 난 왕은 현령을 처벌하고, 그 후부터 신하들의 말을 쉽게 믿지 않았습니다.

▽ 말을 잘하는 몇몇 사람에게 뇌물을 주면 얼마든지 조장할 수 있는 것이 여론입니다. 주요 보직에 앉힐 사람은 능력과 인품을 자신이 직접 확인해야 합니다. 여론을 믿으면 안 됩니다.

▽ '인사(人事)'는 '인간만사(人間萬事)'의 약자라고 합니다. '인간 세상의 일은 인간들이 하기 때문에, 일의 결과는 인사에 달려 있다'는 의미입니다. 인재의 획득, 보직, 상벌, 승진, 각종 행사의 추진 등 중요하고도 많은 권한과 업무가 포함되어 있는 인사를 잘 운영하여 '인사'가 '인간망사(人間亡事)'의 약자가 되지 않도록 해야 합니다.

▽ 『명심보감(明心寶鑑)』에는 '疑人莫用 用人勿疑(의인막용 용인물의)'라고 했습니다. 의심스러운 사람은 (처음부터) 쓰지 말고, 일단 쓴 사람은 의심하지 말고 믿어야 한다는 의미로, 한번 쓴 사람은 바꾸기 어렵기 때문에 사람을 쓸 때는 신중하게 잘 골라야 한다는 이야기입니다.

▽ 사람을 가르쳐서 천성을 바꾸게 하여 쓰려고 하면 실패합니다. 천성은 바꾸어지지 않는 것입니다. 따라서 포악한 자는 포악한 일을 하는 곳에, 욕심이 많은 자는 욕심을 부려야 하는 곳에, 선한 자는 선한 일을 하는 곳에 배치해야 합니다. 중간 지휘자는 욕심이 적고 품성이 선한 사람을 선발하여 배치해야 합니다. 그렇지 않고 탐욕스럽고 포악한 자가 중간 지휘자로 기용되면 그 사람 때문에 지휘자가 궁지에 몰립니다.

# 36 사람을 붙잡아 놓아야 합니다.
## 조직에 집착하도록 만들어야 합니다.

【조직을 만드는 방법】

조직은 사람을 끌어들이고 붙잡아 놓기 위해 만드는 것입니다.

사람을 끌어들이려면 지휘자의 자질이 중요합니다. 품위와 포용력이 있으며, 경력과 외모 등 여러모로 그럴듯해 보이면서 목표를 달성할 능력이 있는 뛰어난 모습이어야 합니다. 그다음은 대의명분입니다. 범죄와는 절대로 관련이 없고, 여러 사람, 혹은 국가와 사회를 위한다는 떳떳한 명분이어야 합니다. 그 다음은 성공할 확률이 높고, 실패하더라도 구성원 개인에게는 피해가 가지 않는 일이어야 합니다. 그 다음은 자금입니다. 돈이 없더라도 있는 것처럼 보여야 합니다. 혹은 곧 들어올 것처럼 보여야 합니다. 돈이 없어 보이거나 실제로 없으면 사람이 모이지 않습니다.

위와 같은 조건을 형성하고 사람을 모으면 직위를 만들고, 능력에 따라 직위를 주며, 직위에 따라 녹봉을 주고, 규정을 만들어 업무의 결과에 따라 상과 벌을 공정하게 집행합니다. 직위를 만드는 이유는 책임과 의무, 권한을 부여하기 위함입니다. 능력에 따라 직위를 주는 것은 상호 경쟁을 유도하기 위함이며, 녹봉을 주는 것은 조직에 매달려 생계를 유지하도록 해서 이탈할 생각을 하지 않고 열심히 일하게 하기 위함입니다.

# 37 인간의 모습과 유사한 형태여야 합니다.
## 머리는 작을수록, 주먹은 클수록 좋습니다.

【이스라엘의 군 조직】

위임 통치해 오던 영국이 철수하자, 그 즉시 건국을 선포(1948년 5월 14일)한 이스라엘의 인구는 당시 약 80만 명 정도입니다. 그 후 세계 각지에서 많은 사람이 꾸준히 모여들었지만, 1980년에도 500만 명이 조금 안 되는 적은 숫자의 인구였습니다.

이스라엘을 공격한 아랍 국가의 총 인구는 1980년에 1억 5,000만 명입니다. 이스라엘 인구의 30배나 되는 숫자입니다. 그뿐 아니라 아랍 국가들은 석유를 생산하고 있었기 때문에 무기를 구입할 수 있는 돈이 충분히 있었습니다.

위와 같은 여건에서 이스라엘이 국가를 보존시킬 수 있었던 것은 국민들이 강한 애국심을 지녔기 때문일 것입니다.

이스라엘의 군 조직을 보면, 이스라엘군은 다른 국가의 군과 달리 참모총장이 한 사람밖에 없습니다. 한 사람이 육, 해, 공군을 모두 지휘합니다. 장군의 숫자도 많지 않습니다. 게다가 몇 명도 안 되는 장군의 밑에는 비서나 당번처럼 개인의 일을 돌보아 주는 부하 군인이 없습니다. 가장 높은 군인인 참모총장의 비서진도 참모총장의 부재중 전화 받는 사람, 급한 업무를 처리하는 사람, 운전하는 사람 등 몇 사람밖에 편성되어 있지 않습니다.

▽ 해야 할 일이 없어서 빈둥거리며 시간만 때우는 계급이 높은 사람을 줄여 예산 낭비가 없도록 하고, 비서, 당번 등의 보직을 없애 모든 사람이 전선에 배치되어 실전에 임하도록 실전형으로 편성해야 합니다.

조직의 편성은 사회적인 관습에 영향을 받기도 합니다.
인도에는 높은 사람이 집에는 물론, 사무실에까지 하인을 두고 있습니다. 사회적인 계급이 존재하고 있기 때문에 하인 계급의 사람이 해야 할 일을 자신이 하면 주위로부터 대우받지 못하는 경우가 발생하기 때문입니다. 어쩔 수 없이 하인을 운영할 수밖에 없는 것이 그들의 현실입니다.

▽ 조직은 업무를 추진하기 위한 임무와 기능에 따라 편성해야 하며, 임무가 없으면 편성하지 않아야 합니다. 임무가 없는데도 조직을 편성하면 거기에 보직된 사람은 놀고만 있어도 된다는 이야기입니다. 또한 임무가 없는데도 조직을 편성할 경우, 임무가 없는 사람은 자신이 존재하기 위해 엉뚱한 일을 지어내기도 합니다. 주위에 있는 약한 사람을 골라서 간섭하며 괴롭히는 것입니다. 결국 조직 전체가 망가집니다.

▽ 조직이 비대하면 업무의 양에 비해 사람이 많기 때문에 한 사람이 할 수 있는 일을 여럿이 나누어 합니다. 따라서 가시적인 실적이 쉽게 나오는 쉬운 일은 자기가 하려고 하고, 위험하고 어려운 일은 남에게 떠넘기려고 바동거립니다. 또, 적은 일을 나누어 하기 때문에, 결과에 대해 책임지는 사람이 없게 됩니다. 모두가 조금씩 손을 대기 때문에, 잘못된 일은 서로 남에게 책임을 미루고, 잘된 일은 모두가 나서서 자기가 한 것이라고 우깁니다.

▽ 백성이 원망하는 것은 자신이 굶고 있기 때문이 아니라, 자신이 굶고 있는데 옆에서 먹고 있는 사람이 있기 때문이라고 공자가 말했습니다. 조직 내의 업무 현상도 마찬가지입니다. 놀고 있는 사람이 있으면 다른 사람들은 그를 바라보며 업무에 대한 의욕을 잃습니다. 따라서 그 조직은 모두가 게을러집니다.

▽ 군대처럼 급박한 상황을 처리하는 조직일수록 계급이 높은 사람을 줄이고, 중간 지휘관을 없애 지휘계선을 단순화시켜, 위에서 내리는 명령이 말단 조직까지 신속하게 전달되도록 해야 합니다.

# 38 명령을 내리는 사람은 한 사람이어야 합니다.
## 높은 사람이 많으면 조직이 흔들립니다.

【연(燕)나라의 높은 재상들】

중국 전국시대의 연나라에는 높은 재상이 많았고, 그들은 지위가 높을수록 많은 수의 군인을 개인적으로 거느렸습니다. 사병(私兵)을 허용한 나라입니다.

높은 재상은 자신의 영역을 확보하기 위해 자신이 거느리고 있는 군인을 동원시켜 힘을 과시하기도 했는데, 재상들이 개인적으로 거느리고 있는 군인의 세력이 너무 커서 왕도 어쩌지 못했습니다. 결국 높은 재상들 간의 세력 다툼으로 내전이 발생했고, 그 와중에 외침을 받아 영토의 대부분을 잃었습니다. (시기를 보면, 우리 민족인 고조선이 이때 연나라를 공격하여 영토를 점령한 것 같습니다.)

▽ 연나라가 몰락한 사례를 거울삼아 다른 나라들은 사병(私兵) 보유를 금지했습니다.

▽ 조직원에게 명령을 내릴 수 있는 권한을 지닌 사람은 단 한 사람이어야 하며, 다른 모든 사람은 그 한 사람의 명령에 절대적으로 복종하고 따라야 합니다.

▽ 한비자는 세(勢), 법(法), 술(術)을 통솔의 기본이라고 했습니다. 세(勢)는 권위와 위엄, 법(法)은 원칙, 즉 엄정한 상과 벌이며, 술(術)은 자신의 속마음을 읽히지 않는 한편 신하의 속마음을 파악하여 신하에게 속아 넘어가지 않는 것을 의미합니다. (신하는 여러모로 꽉 눌러 놓아야 한다는 이야기입니다.)

▽ 사람을 쓸 때는 새를 길들일 때처럼 날개를 잘라 놓고 써야 하고, 불필요하게 큰 힘을 지니고 있는 자는 그 힘을 제거하거나 그 인간 자체를 제거해야 합니다. 자신이 통제할 수 없을 정도로 비대한 힘을 지닌 아랫사람은 자신의 부하라고 할 수 없으며, 그런 자는 강력한 적보다 더 위험한 존재입니다. (그런 자가 나타나지 않도록 제도적으로 통제하고, 제도적으로 통제하더라도 혹시 그런 자가 보이면 발견하는 즉시 제거해야 합니다.)

## 39 한 사람이 10명 이상을 통제해야 합니다.
## 지휘의 폭이 좁으면 인력 낭비가 됩니다.

【병서에 기록된 지휘 폭】

　사회에 널리 퍼져 있는 조직 편성은 4 내지 7을 기본 단위로 하고 있습니다. 4명 내지 7명을 편성하여 지휘자를 두고, 4명 내지 7명의 중간 지휘자 위에 또다시 중간 지휘자를 두는, 서양식 편제 편성 방법입니다.

　동양의 병서는 기본 단위를 대부분 10으로 하고 있습니다. 대오를 편성할 때도 그렇고, 교육 훈련 방식도 그렇습니다. 1명이 10명을 가르치고, 또 그들이 각기 10명씩 가르치는 식으로 하면 단시간 내에 수많은 병사들을 가르칠 수 있다는 이론입니다.

　손가락과 발가락의 숫자는 각기 10개씩이지만, 이를 통제하지 못하는 사람은 없습니다. 부려 먹기 위한 조직은 손가락과 발가락의 숫자처럼 10 혹은 그 이상을 기본 단위로 해야 합니다. 그 정도는 혼자 통제할 수 있어야 합니다.

▽ 5명을 기본 단위로 기술해 놓은 병서도 있는데, 이는 상호 철저한 감독이 요구될 때입니다. 연좌제를 말할 때 흔히 '5가 작통법'이라고 하는데, 서로가 철저히 감독하기 위해서는 5 단위를 한 묶음으로 하는 것이 효율적이라고 판단하기 때문입니다.

▽ 지휘할 때, 부모가 젖을 떼지 못한 어린아기를 보살피듯이 지휘자가 조직원을 일일이 쫓아다니며 간섭하는 식이면 곤란합니다. 임무를 명확히 주고 상응하는 책임과 권한을 준 다음에, 목표 달성을 위한 시간을 준 후 업무의 성과(결과)에 따라 상과 벌로 다스려야 합니다. 그렇게 하면 1인이 10명 이상을 능히 지휘할 수 있습니다.

▽ 지휘의 폭을 좁히면(1인이 지휘하는 사람의 숫자를 줄이면) 중간 지휘자의 숫자가 많아지고, 중간 지휘자의 숫자가 많아지면 실제로 일할 사람이 그만큼 줄어들어 인원이 낭비됩니다.

또한 그렇게 되면 일에는 손대려 하지 않고, 책임은 지지 않으려고 뺀들거리면서도 지휘자랍시고 여기저기 찾아다니며 쓸데없이 참견하고 잔소리해 대는 인간들이 많아져, 실무자들은 그들의 간섭 때문에 업무를 제대로 할 수 없게 됩니다.

# 40 공명정대해야 합니다.
## 인치(人治)가 아닌, 법치(法治)여야 합니다.

【각종 규정과 기강의 확립】

상과 벌, 보수의 차이, 승진의 기준 등 조직원 개인의 이익에 직접 영향을 주는 인사 분야는 명확한 기준이 있어야 합니다. 또 그 기준을 모두가 철저히 지켜야 합니다.

명확한 기준 없이 혹은 기준을 지키지 않고 지휘자가 멋대로 결정하여 상과 벌을 주고 보수를 정하며, 지휘자의 기분에 따라 지휘자의 마음에 드는 사람을 골라서 승진시킨다면, 이는 법치가 아닌 인치입니다. 인치가 되면 실무자들이 업무를 열심히 하려고 노력하기보다 인사권자인 지휘자 개인에게 잘 보이기 위해 노력합니다. 따라서 업무의 실적이 오르지 않고, 그런 상태가 지속되면 망합니다.

▽ 조직에 존재하는 법과 규정을 지휘자부터 철저히 지킬 때, 조직이 법과 규정에 의해 스스로 굴러갑니다.

# 41 조직원 개개인의 능력을 파악해야 합니다.
## 능력에 상응하는 자리에 배치해야 합니다.

【악사들의 책임 회피】

제나라 선왕(宣王, 재위 BC319-BC301)은 합주(合奏)를 좋아했습니다. 연회할 때는 300명이 넘는 악사들을 불러 합주하게 했습니다.

선왕의 뒤를 이은 민왕(湣王, 재위 BC301-BC283)은 그 많은 악사들 중에서 누가 가장 악기를 잘 다루는가를 알고 싶어 독주(獨奏)를 시켜 보기로 했습니다. 민왕이 독주를 시키려 한다는 소문이 나자, 300명이 넘는 악사들이 모두 도망했습니다. 자신의 실력이 드러날 것을 걱정했기 때문입니다.

▽ 구성원 개개인의 능력을 모두 파악하고, 각자의 능력에 상응하는 자리에 앉혀야 합니다.

▽ 조직과 편성은 전략 분야이지만, 편성된 곳에 보직시킬 사람을 선발하는 것은 인사 분야입니다. 조직 편성과 인사가 잘 연계되어야 합니다.

# 42 조직원을 강하게 훈련시켜야 합니다.
## 조직 내의 분위기도 중요합니다.

### 【전설적인 군대, 로마 군단】

로마의 기원은 BC 1,000년경부터이며, BC 600년경 이탈리아 반도의 중부 지역을 지배하던 국가인 에트루리아로부터 독립했습니다. 로마는 BC 500년경부터 6,000명 정도의 군인을 유지했는데, BC 390년 켈트족의 침입으로 로마가 초토화되었습니다. 켈트족의 용맹성과 난폭함에 로마 군인들이 겁을 먹고 켈트족에게 대항조차 제대로 하지 못하고 패했습니다.

로마는 켈트족에게 물자를 주는 조건으로 물러가게 한 후, 사회의 제도를 바꾸고 군의 편성을 새롭게 하는 한편, 병사들을 혹독하게 훈련시켰습니다. 과거에는 지킬 것이 있는 지주들만 군인이 되었으나 토지 소유에 관계없이 모두가 군인이 될 수 있도록 제도를 바꾸고, 군인들에게는 높은 급여를 주며, 전투 중 공을 세운 군인은 사회에서의 출세를 보장해 주었습니다. 직업 군인을 만들어 그들을 우대하고, 전공을 세운 군인에 대한 보상 정책을 만들어 군의 사기를 올린 것입니다.

군의 편성은 100명을 1개 단위로 하여 전투의 기본 단위로 했습니다. 일사불란한 지휘와 기동성을 고려한 것입니다. 또한 100명 단위를 묶어 4,800명 정도를 1개 군단으로 편성했습니다.

전투의 주력은 기존의 창병과 기병에서 '글라디우스(gladius)'라고 불리는 길이가 짧고 끝이 뾰족한 검을 든 보병으로 전환시켰습니다. 창병보다는 검을 든 보병이 기동성 측면에서 우수하고, 당시의 전투 양상은 근접 백병전이 대부분이므로 길이가 긴 창이나 베는 칼보다 가까이서 쉽게 찌를 수 있는 칼이 유리하기 때문에 적을 찌르기에 유리한 검을 주 무기로 삼았습니다. 방패는 기존의 둥근 방패 대신 커다란 사각 방패를 지급했습니다. 열을 지어 커다란 사각 방패를 일렬로 세우면 적의 화살 공격을 쉽게 방어할 수 있기 때문입니다. 또한 쇠로 된 갑옷과 뒷목을 가리는 둥근 투구를 지급하여 거의 완벽한 군장을 갖춘 보병을 만들었습니다.

훈련은 완전 무장한 상태에서 몇 시간 정도 행군이 가능토록 했고, 실제로 사용하는 무기보다 2배 이상의 무게로 훈련시켰습니다. 근무 중에 조는 병사는 채찍으로 체벌하거나 처형했으며, 전투 중 도주하는 자는 처형했고, 전투 중 용감하지 못했던 자도 전투 후에 골라서 처형했습니다. 열심히 근무하고, 또 목숨을 바쳐 용감하게 싸워야 전투 후에도 자신의 생명을 보존시킬 수 있는 군대가 로마군입니다.

▽ 조직화, 편제화라는 개념을 적용하고, 전술이라는 개념을 군에 도입하여 실용화시킨 유럽 최초의 군대가 로마군입니다. 잘 조직하고, 강하게 훈련시키고, 기강을 확립시킨 로마군은 영국을 포함한 유럽의 중부와 남부, 아프리카의 북부 지역, 지중해 지역, 이집트 지역 등을 정복했으며, 이로 인해 '전 세계의 길은 로마로 통한다'라는 말이 생기게 만들었습니다.

# 43  행동하지 않는, 게으른 조직은 곤란합니다.
광적으로 활동하는 극렬 조직이어야 합니다.

【마르크스와 레닌의 차이】

마르크스(Karl Heinrich Marx, 1818-1883)는 공산주의 이론의 창시자이고, 레닌(Vladimir Il'ich Lenin, 1870-1924)은 공산주의를 실현시킨 사람입니다. 두 사람이 지닌 공통점은 악착같다는 것이고, 차이점은 마르크스는 이론가이고 레닌은 조직을 직접 운영하며 조직원을 극렬 행동 요원으로 만들어 권력을 잡은 전략가입니다.

마르크스는 일부 인문계 학자들로부터 정치가, 저술가, 역사학자, 경제학자, 이론가이면서도 행동한 사람, 예언적 인물, 독서광, 마호메트 이후 가장 뛰어난 철학자, 인류가 낳은 천재 등 극찬에 가까운 평가를 받고 있습니다.

그런데 마르크스의 실제 활동은 신문에 자신의 철학을 기고하고,『자본론』혹은『경제학비판』등의 책을 발간한 것이 전부입니다. 그 내용이 사회의 혼란을 초래하자 당국에 의한 철저한 감시와 계속된 추방으로 마르크스는 힘든 삶을 살았고, 이에 마르크스는 조직을 만들어 운영할 여건이 아니었습니다. (마르크스의 아버지는 (유대계) 변호사였고 어머니는 네덜란드 귀족 집안 출신입니다. 독일의 부유한 집안에서 태어나 좋은 환경에서 자랐는데, 베를린 대학에서 법률, 역사, 철학 등에 관해 정규 교육을 받았고, 경제학은 독학입니다.)

러시아에서 교육자의 아들로 태어난 레닌은 카잔 대학에서 법학을 공부한 후 마르크스주의자가 되었습니다. 또한 러시아의 황제인 알렉산드르 3세의 암살 계획에 연루된 맏형이 처형당하자, 그에 대한 반발로 혁명에 뜻을 두었습니다. 러시아의 붉은 혁명 이전, 레닌은 각종 혁명 활동에 참여하다가 국외로 추방되었는데, 그는 선동에 매우 능한 사람입니다. 따라서 위험인물로 지목되어 국제적인 감시를 받았고, 망명지인 스위스의 국경 밖으로 나갈 수 없도록 조치되었습니다.

러시아혁명 때는 레닌에게 수많은 경쟁자가 있었는데, 그는 러시아로 잠입하여 혁명이 성공하기 전까지 은밀히 활동하면서 자신의 조직을 불렸습니다. 또 혁명이 성공하자, 기회를 잡아 앞에 나서서 자신의 조직을 이용하여 다른 경쟁자들을 누르고 권력을 쥐었습니다. 권력을 잡을 줄 아는 뛰어난 전략가입니다.

▽ 마르크스는 영국에서 망명 당시 6명의 아이들 중 3명이 가족들이 세 들어 살고 있는 셋방에서 죽어 나갔습니다. 그러나 그런 가난하고 힘든 삶 속에서도 공부와 집필은 계속했습니다. 그런 마르크스는 실질적인 권력을 잡은 적 없이 사라졌기 때문에, 사람들을 탄압한 적이 없어서 원한을 산 것이 없습니다. 천재이면서 탄압과 가난 속에서 지내다가 사라진 불우한 학자로 보여서인지, 그에 대하여 나쁘게 평가하는 사람이 별로 없습니다.

반면, 레닌에 대한 평가는 절대로 관대하지 않습니다. 학문을 좋아하는 학자가 아닌, 권력 쟁취를 위해 활동한 혁명가이며, 러시아에 공산주의 정권을 세움으로써 그의 사후에 권력을 이어받은 스탈린 등 독재자에 의해 수많은 사람이 죽임을 당하거나 괴롭힘을 당했기 때문입니다.

▽ 러시아의 혁명 세력은 민주주의와 평화를 원하는 사람이 대부분이었고, 그와 같은 온건 세력은 수십만 명이 넘었습니다. 이에 반해 레닌을 지지하는 볼셰비키 혁명주의자는 수천 명도 되지 않았습니다. 그러나 볼셰비키 혁명주의자들은 레닌의 지도하에 악착같은 마음가짐과 행동, 뛰어난 선전선동술 등으로 노동자, 농민, 군인의 지지를 얻기 시작하여, 혁명이 끝난 후에는 공산주의자인 레닌이 권력을 쥐도록 만들었습니다.

▽ 자신의 명령 한마디에 조직원 모두가 목숨을 걸고 광적으로 움직이는 조직, 그런 조직을 만들어 운영해야 합니다. 권력을 쥐었다는 단순한 결과만을 놓고 보면, 레닌은 대단한 실전 전략가입니다.

▽ 히틀러가 성공한 과정도 조직 운영 면은 레닌과 유사합니다. 소수의 나치 세력을 광적으로 활동하는 조직으로 만들었고, 나치 조직은 세력을 확장하는 과정에서 반대파와 나치를 반대하는 군 장교를 일시에 습격하여 살해하기도 했습니다.

## 제 5 장

# 지휘를 잘해야 합니다

법에 의한 통제는 순종하게 하고,

인자함은 방종을 낳습니다.

# 44 지휘의 대상은 사람입니다.
## 사람의 마음을 열게 하는 것이 지휘통솔입니다.

【유비(劉備, AD161-AD223)의 눈물】

『삼국지』에 등장하는 인물 중 무능한 사람을 꼽는다면 유비도 거기에 빠지지 않을 것입니다.

삼국지에 나오는 유비는 전략, 전술과는 거리가 먼 사람입니다. 체력도 강하지 못하고, 지닌 것이라고는 한나라 황족과 동성(同姓)인 유(劉)씨라는 것과, 황족임을 증명한다는 칼 한 자루뿐입니다. 오죽하면 도움을 얻기 위해 굽히며 찾아온 유비를 제갈량(諸葛亮, AD181-AD234)이 왜 세 번째에야 따라나섰는지를 생각해 보아야 합니다.

교활한 제갈량은 가진 것이 없는 유비를 쫓아가 보았자 고생만 할 것이라고 판단했을 것입니다. 세 번째에 유비를 따라나선 이유는, 자신이 딱히 갈 곳이 없고 또 유비가 마음이 약하고 무능하기 때문에 자기가 시키는 대로 순순히 따라 줄 것이라고 생각했기 때문일 것입니다. (당시 조조와 손권은 이미 기반을 잡은 상태라서 그들의 밑에는 뛰어난 사람이 많기 때문에, 제갈량이 그들을 찾아가 보았자 문전박대당할 것이 뻔합니다. 혹은 채용되더라도 높은 자리에 등용되지 못할 상황입니다.)

무능한 유비도 잘하는 것이 있었습니다. 자신의 처신입니다.
유비는 평소에 겸손하고 진실한 사람처럼 보이도록 처신했습니다.

게다가 결정적인 순간을 포착할 줄 알았고, 순간을 포착하면 이를 놓치지 않고 불쌍한 표정을 지으며 눈물을 흘렸습니다. 겸손하고 진실하기만 한 사람이 결정적인 순간에 불쌍한 표정을 지으며 손을 부여잡고 손등 위에 눈물방울을 떨어트리면, 손이 잡혀 있는 사람은 유비의 손을 차마 뿌리칠 수 없었을 것입니다.

▽ 사람을 대하는 태도와 능력은 선천적인 것으로, 태어날 때 지니고 태어나는 것으로 보입니다.

▽ 상대방으로 하여금 마음을 열도록 하고 스스로 열심히 따르도록 만드는 것이 지휘통솔입니다. 겁주고 윽박질러서 강제로 부려 먹는 것이 지휘통솔이 아닙니다.
지휘통솔 능력, 즉 사람을 대하는 능력이 뛰어나면 다른 사람이 지니고 있는 능력을 자신의 것처럼 활용할 수 있습니다. 성공의 요체는 지휘통솔 능력을 갖추는 것입니다.

# 45 자신의 진심을 겉으로 나타내어 보여 주려면 솔선수범하는 길밖에 없습니다.

【조지 워싱턴(George Washington, 1732-1799)의 순찰】

미국의 독립전쟁이 한창이던 어느 날, 미국의 독립군이 주둔한 곳에 비가 내렸습니다. 야간이었는데, 보초를 서던 병사는 비가 내리는 캄캄한 어둠 속에서 누군가가 걸어오고 있는 것을 발견했습니다. 비를 맞으며 걸어온 사람은 독립군 사령관인 조지 워싱턴이었습니다.

후에 미국의 초대 대통령이 된 조지 워싱턴은 독립전쟁 중에는 매사에 솔선하는 독립군 사령관이었습니다. 조지 워싱턴은 자신이 직접 순찰하지 않아도 되는 높은 직위에 있었지만, 고생하는 부하들을 격려하기 위해 캄캄한 밤에 비를 맞으며 홀로 걸어 다녔습니다.

▽ 거짓이나 가식을 펼치면 곧 드러납니다. 또한 거짓이나 가식은 오히려 역효과를 가져옵니다. 진실함만이 통하는 분야가 지휘통솔입니다.

▽ 미군 장교들은 전투복 차림으로 빗속을 꿋꿋한 자세로 걷는 모습을 흔히 보입니다. 국가의 영웅인 조지 워싱턴을 마음속으로 생각하며 그 정신을 답습하려는 것 같습니다.

# 46 신뢰는 윗사람에서부터 시작됩니다.
## 식언(食言)은 있을 수 없습니다.

【오기(吳起)의 통솔 방법】

오기가 위(魏)나라의 변방에 근무할 때, 적국인 진(秦)나라가 국경선 위에 작은 망루를 세웠습니다. 그 망루는 오기가 경비하는 데 지장을 주기에, 오기는 그 망루를 점령하려고 했습니다.

어느 날 오기는 수레의 끌채 하나를 북문에 가져다 놓고 그것을 남문에 갖다 놓는 사람에게 상을 주겠다고 공포했습니다. 아무도 오기의 이 말을 믿지 않았으나, 어떤 사람이 장난삼아 끌채를 남문에 갖다 놓고 상을 달라고 했습니다. 오기는 약속대로 상을 주었습니다. 오기는 또다시 곡식 한 자루를 동문에 갖다 놓고 그것을 서문으로 옮기는 사람에게 상을 주겠다고 했습니다. 사람들은 앞다투어 곡식 자루를 옮기려 했고, 옮긴 사람은 약속대로 상을 받았습니다.

그 후 오기는 사람들을 모아 놓고 "앞에 보이는 진나라의 망루를 점령하여 제일 먼저 위에 올라간 사람에게 커다란 상을 주겠다"라고 했습니다. 오기의 입에서 그 말이 떨어지자마자, 망루는 순식간에 점령되었습니다.

▽ 속임의 대상은 자기편인 윗사람이나 아랫사람이 아닙니다. 적입니다. 거짓이나 허언의 대상은 적이며, 자기편에게는 진실하고 정직해야 합

니다. (자신에게 거짓말하는 사람은 적으로 간주해서 멀리해야 합니다. 그의 거짓말에 속으면 자신의 재산 혹은 목숨을 잃을 것이 확실하기 때문입니다.)

▽ 말을 하지 않는 것과 신빙성이 없는 말로 둘러대는 것은 개념이 전혀 다른 이야기입니다. 명확하지 않은 말을 하느니, 아예 말을 하지 않아야 합니다. 또한 말을 꺼내지 않는 것과 말을 해 놓고 나중에 지키지 못하는 것도 전혀 다른 개념입니다. 지키지 못할 말은 꺼내지 않아야 하며, 자신이 입 밖으로 낸 말은 꼭 지켜야 합니다.

▽ 윗사람은 가능한 말을 하지 않아야 합니다. 그렇게 해야 자신이 지켜야 할 말(약속)이 별로 없어서 지휘에 부담이 생기지 않습니다.

▽ 품위는 신뢰와 연관된 개념인데, 품위를 잃으면 신뢰도 잃습니다. 품위를 잃는 가장 큰 행위는 아랫사람의 재물이나 아랫사람의 여인을 탐하는 행위입니다. 지휘자로서 아랫사람의 재물을 빼앗거나 아랫사람의 여인을 탐했다면, 최악의 지휘자입니다. 그런 행위는 하느님께서도 결코 용서하시지 않습니다. (아랫사람의 재산과 아랫사람의 여인, 그리고 그의 가족은 아랫사람이 자신의 힘으로 지킬 수 있도록 지휘자가 도와주어야 합니다. 돈을 충분히 지급해 주고, 시간도 많이 내주어야 합니다.)

# 47 필요한 시기에 힘을 집중시켜야 합니다.
## 타이밍에 맞추어 컨디션을 조절해야 합니다.

【노장(老將)의 지혜】

　진(秦)나라 왕인 정(政, 후에 진시황)이 중국을 통일시키기 위해 초(楚)나라를 칠 때입니다. 진나라 왕은 용감한 젊은 장군을 출전시켰지만, 젊은 장군은 패하고 돌아왔습니다. 이에 왕전(王翦)이라는 백전노장을 선발하여 출정시켰습니다.

　왕전은 대군을 이끌고 출정했지만, 적을 보고도 공격 명령을 내리지 않고 병사들에게 배불리 먹고 놀도록 했습니다. 그러자 힘이 넘친 병사들은 자기들끼리 힘자랑도 하고, 무기를 휘두르며 심심해했습니다. 부하들의 모습을 지켜보고 있던 왕전은 그들이 힘을 쓰지 못해 안달이 날 지경에 이르자 공격 명령을 내렸습니다. 승부는 순식간에 결정되었습니다.

▽ 밑에 있는 사람을 언제, 어떻게 쓸 것인가를 계산하고, 자신이 원하는 시점에 최대의 역량을 발휘하도록 컨디션을 조절시켜야 합니다.

▽ 밑에 있는 사람을 상전처럼 여기고 편하게 대우해 주어야 합니다. 괴롭히고 또 못살게 굴면서 목숨 바쳐 따르라고 요구하는 것은 크게 잘못된 지휘 방식입니다.

# 48. 인간의 내면에는 오묘한 요소들이 많습니다. 내면에 잠재되어 있는 요소를 이용해야 합니다.

【사단론(四端論)과 칠정론(七情論)】

조선시대의 유학자(권력자)들은 맹자가 말한 사단을 주장하는 파와, 유가의 경전에 나오는 칠정을 중시하는 파로 갈려 싸웠습니다. 백성이 먹고사는 데 전혀 관련이 없는 이론을 놓고 고위 관리들이 서로가 죽고 죽이는 치열한 논쟁을 벌이며 세월을 보냈습니다.

사단은 인의예지(仁義禮智)를 말하고, 칠정은 희노애구애오욕(喜怒哀懼愛惡慾)을 말하는데, 인간의 내면에는 그들이 주장하는 사단과 칠정보다 더욱 더 오묘한 요소가 많이 들어 있습니다. 시기, 질투, 자존심, 본능에서 나오는 욕구와 욕망, 공포심, 미련, 그리움, 애착, 집착, 고집, 변덕, 싫증, 권태 등 그 외에도 많습니다. 게다가 순간적인 착각과 오판이 있고, 정신병도 많습니다.

사람은 단순한 존재가 아닙니다. 무궁무진한 사고와 변화를 내면에 지닌 복잡 다변하는 존재입니다. 개개인이 다 그렇습니다. 사람의 내면을 이해하고, 또 상황에 따라 변하는 사람의 심리 상태를 꿰뚫어서, 자신에게 유리한 방향으로 사람들을 유도해야 합니다.

# 49 사람은 공통점이 많지만, 다른 면도 많습니다. 이해와 아량이 필수입니다.

【패튼과 아이젠하워의 차이】

패튼(George Patton Jr. 1885-1945) 장군은 제2차 세계대전 시 가장 큰 공을 세운 장군 중 한 사람으로 꼽힙니다.

패튼은 '전쟁의 냄새를 맡고 지휘하는 장군'이라는 칭송을 받을 정도로 지휘 능력이 뛰어난 장군입니다. 게다가 그의 성격은 천부적인 군인입니다. 총알이 귓가를 스치고 지나가고, 포탄이 눈앞에 떨어져도 눈썹 하나 까딱하지 않았습니다. 그런 패튼은 뛰어난 장군이지만, 그는 통솔력에 문제가 있었습니다. 군인 정신에 충일한 외골수적인 면이 있는 것입니다.

전쟁이 한창 진행 중인 1943년 8월의 어느 날, 군사령관이던 패튼은 부상당한 병사들을 격려하기 위해 야전 병원을 순시했습니다. 그런데 입원 중인 병사 중에 사지가 멀쩡한 병사가 패튼의 눈에 띄었습니다. 패튼이 입원한 이유를 묻자, 병사는 훌쩍이며 '전쟁이 무서워 정신적으로 이상이 생긴 것 같다'라고 말했습니다. 이 말을 들은 패튼은 화가 나서 병사를 구타했습니다. 얼마나 세게 때렸는지 병사가 쓰고 있던 철모는 멀리 날아갔고, 병사는 그 자리에 쓰러졌습니다. 쓰러져 있는 병사를 노려보며 패튼은 '당장 퇴원해서 전선으로 복귀하라!'라고 소리를 질렀습니다.

이 사건은 언론을 통해 외부로 알려졌고, 이에 자식을 군에 보낸 미국의 부모들이 가만히 있지 않았습니다. 의회에 항의했고, 매스컴도 덩달아 패튼을 공격했습니다. 결국 패튼은 후방인 영국 근무의 명령을 받았고, 이로 인해 노르망디 상륙 작전에 참가하지 못했습니다. 얼마 후 그는 전쟁터로 가게 해 달라고 유력자인 친구들에게 편지를 쓰면서까지 부탁했는데, 그런 힘든 노력 끝에 전장으로 복귀할 수는 있었습니다.

종전 후 정치가로 변신하여 미국의 34대 대통령이 된 아이젠하워(Dwight David Eisenhower, 1890-1969)는 패튼의 구타 사건에 대해 다음과 같이 언급했습니다.

"패튼은 훌륭한 군인이다. 그러나 그는 모든 병사가 다 용감해질 수 없다는 것을 몰랐다. 인간은 용사가 될 수 있는 사람이 있고, 겁쟁이가 되는 사람이 있다. 게다가 상황에 따라 그 누구도 겁쟁이가 될 수 있다."

▽ 아이젠하워가 미국의 대통령이 된 것은 그가 용감했기 때문이 아니라, 사람을 이해하는 식견이 있었기 때문일 것입니다.

# 50 상과 벌을 엄격하게 집행해야 합니다.
## 공무에서는 인간관계보다 법입니다.

【사마양저의 기강 확립】

　제(齊)나라의 경공(景公, 재위 BC548-BC490)은 진(晋)나라와 연(燕)나라가 연합하여 제나라를 공격해 오자 천민 출신인 전양저(田穰苴, 후에 사마양저)를 발탁하여 군 지휘관으로 임명했습니다. 상황이 급박하니까 능력만을 보고 선발한 것입니다.

　군 지휘관으로 임명된 전양저는 경공이 총애하는 신하 중 명망이 높은 한 사람을 골라서 군사를 감독하게 해 달라고 경공에게 요청했습니다. 자신이 천민 출신이라 부하들이 말을 듣지 않을 것 같다는 이유입니다. 경공은 장가(莊賈)라는 사람을 파견해 주었습니다.

　장가를 만난 전양저는 '내일 정오에 군문 앞에서 만나자'라고 약속하고 장가와 헤어졌습니다. 그런데 장가는 친지들과 측근들이 열어 준 환송연에서 술을 마시다가 저녁이 되어서야 군문 앞에 나타났습니다. 그러자 전양저는 군령위반죄를 물어 장가를 처형했습니다. 장가가 처형당하게 되었다는 소식을 들은 경공은 깜짝 놀라 장가를 살려 주라는 편지를 쓰고, 사자에게 마차를 타고 급히 달려가 전양저에게 전하라고 했습니다. 그런데 전양저는 마차를 타고 온 경공의 사자까지 처형하려고 했습니다. 영내에서는 (기습당하는 줄 알고 병사들이 놀랄까 봐) 말을 타고 달리지 못하게 되어 있는데, 이를 위반했기 때문에 참형죄에 해당

된다는 것입니다. 사자는 경공의 편지를 전하기 위해 급히 달려와야 했다는 말을 했고, 이에 전양저는 '사자는 살려 주되, 마부의 목은 베어야 한다'라고 하며 마부를 처형했습니다. 마부를 처형한 전양저는 경공을 찾아가서 '군율을 세우기 위해 어쩔 수 없었다'라고 보고한 뒤 출정했습니다. 경공은 화가 났지만 주위에서 '전양저는 군에 대한 책임을 갖고 있기 때문에, 군의 기강을 세우기 위해 그렇게 하는 것은 군 지휘관인 그의 권한 내의 일'이라고 하며 전양저를 두둔했습니다. 경공은 참을 수밖에 없었습니다.

▽ 병권을 쥔 장수에게 주어지는 제한된 범위의 입법, 사법, 행정(집행)권은 통수권자인 왕일지라도 함부로 참견할 수 없는 권한입니다. 참으로 대단한 것이 병권입니다.

▽ 전양저가 취한 행동을 소문으로 들은 적은 전양저를 두려워하여 스스로 물러갔고, 전양저는 사마(司馬), 즉 국방장관 자리에 올랐습니다. 그래서 그를 '사마양저'라고 부릅니다. (중국이 자랑하는 병가 7서 중 한 권인 『사마법(司馬法)』은 전양저의 저술을 그의 후손들이 발전시킨 것입니다.)

【이순신(李舜臣, 1545-1598) 제독의 『난중일기』】

이순신 제독의 『난중일기』를 보면 거의 매일 부하를 처형했습니다. 혹은 가혹할 정도로 심한 벌을 거의 매일 주었습니다. 적과 싸울 때 도망하면 처형했고, 군령을 조금이라도 어기면 큰 벌을 주었습니다. 결과적으로 이순신 제독의 부하들은 전투 중에 도망하지 않았습니다. 전투 중에 용감히 싸우면 살아남을 수 있지만, 도망가면 나중에 잡혀 와서 처형을 피할 수 없기 때문입니다.

【읍참마속(泣斬馬謖)】

『삼국지』의 촉나라 제갈량은 가정(街亭)이라는 곳을 지키기 위해 마속을 출정시켰습니다. 가정은 조조의 위나라에 대비한 전략 요충지이기 때문에, 경험이 많은 장수인 마속을 출정시킨 것입니다. 마속을 출정시키면서 제갈량은 마속에게 '가정의 길목을 지켜야 하며, 산 정상에 주둔하면 안 된다'라고 신신당부했습니다.

가정에 도착한 마속은 제갈량이 판단을 잘못해서 길목을 지키라고 지시했을 것이라고 생각했습니다. 군사는 높은 곳에 주둔해야 적을 공격할 때 칼로 대나무를 쪼개듯 낮은 곳으로 내려오면서 공격하기가 좋은데, 낮은 곳인 길목에 주둔한다는 것은 잘못된 판단이라고 생각한 것입니다. 그래서 마속은 제갈량의 지시를 어기고 자신이 판단한 대로 군사들을 산 위에 주둔시켰습니다.

위나라 군사들은 마속이 주둔하고 있는 산 정상을 포위한 후 싸우려고 하지 않고 지연작전을 펼쳤습니다. 이때 마속에게 발생한 문제는, 가정의 산 위에는 물이 없다는 것입니다. 말은커녕, 사람조차 마실 물이 없었습니다.

마속은 포위망을 뚫고 간신히 도망 나왔으나, 제갈량은 마속을 살려 줄 수 없었습니다. 왜냐하면, 당시 촉나라는 내부의 기강이 너무 해이했습니다. 마속처럼 명령을 따르지 않는 자들이 많았고, 이에 국가는 몰락하고 있었습니다. 군령을 어긴 마속을 살려 주는 날에는 나라 전체가 걷잡을 수 없이 무너져 내릴 것 같은 상황이었기에, 제갈량은 눈물을 흘리며 자신이 아끼는 장수인 마속을 처형했습니다.

【상을 주지 않자 공격해 온 왕자】

춘추시대에 제(齊)나라가 이웃 나라로부터 공격받았습니다. 다급해진 제나라 왕은 다른 나라에 구원을 요청했는데, 정(鄭)나라에서는 태자가 구원병을 이끌고 왔습니다.

정나라의 태자는 자신이 직접 전쟁터로 나가 적을 쳐부수고 적의 장수 두 명과 수백 명의 포로를 잡아 제나라에 넘겼습니다. 그런데 제나라 왕은 정나라의 태자에게는 고맙다는 말만 하고, 제나라의 서울을 지킨답시고 그동안 자신과 함께 서울에서 놀며 지낸 다른 왕들에게는 상을 후하게 주었습니다.

상을 받지 못한 정나라의 태자는 화가 나서 정나라로 돌아간 후 많은 군사를 이끌고 와서 제나라를 공격했습니다.

【나폴레옹의 훈장】

나폴레옹은 사람을 쓸 때 유능하거나 똑똑한 사람을 쓰지 않았습니다. 프랑스의 정치적인 혼란을 조금 전 마감시키고 황제의 자리에 오른 장본인이 자신이었기에, 자신에 대한 쿠데타를 의식한 것입니다.

나폴레옹은 유능하거나 똑똑한 사람을 배제하고 충직하기만 한 사람을 골라서 썼기 때문에, 벌보다는 상을 주었습니다. 충직한 사람은 나쁜 짓을 하지 않아 벌 받을 짓은 하지 않지만, 나태해질 수 있기 때문에 상을 주는 방법을 사용한 것입니다. 또한 나폴레옹은 외국과 수많은 전투를 벌였는데, 적과의 전투 중에는 장병들의 사기를 올리기 위해 벌을 피하고 상을 많이 주는 것이 군대의 관례입니다. 나폴레옹은 군대의 관례를 과하게 적용하여 훈장을 뿌리다시피 했고, 이에 그의 밑에서 일하면서 훈장을 받지 못한 사람은 거의 없었습니다.

나폴레옹은 쇳조각(훈장)을 뿌리며 그 힘을 이용해 유럽을 정복하며 돌아다닌 사람입니다.

▽ 완장과 훈장은 사람으로 하여금 이성을 잃게 합니다. 참으로 묘한 힘을 지닌 것이 완장과 훈장입니다. 그런 모습을 볼 때마다 사람은 참으로 이해하기가 어려운, 황당한 존재라는 생각입니다.

# 51 덕(德)보다는 법(法)입니다.
### 덕(德)으로 다스리면 한계를 맞습니다.

【법가인 한비자의 사상】

유가와 묵가의 사람들이 권력자에게 아부하는 투로 '앞선 임금은 세상의 민중을 하나같이 널리 사랑하였으니, 민중 보기를 마치 어버이가 자식을 보는 것처럼 하였다'라고 하는 말에 대하여 한비자는 다음과 같이 반박했습니다.

"왕이 아무리 민중을 사랑하더라도 부모가 자식을 사랑해 주는 것만큼 사랑해 주지는 못할 것이다. 부모가 지극한 사랑을 베풀어 키우는 자식도 부모의 말을 고분고분 따르지 않는 경우가 많은데, 왕이 사랑만으로 민중을 어찌 다스릴 수 있다는 말인가."

▽ 집단이 커질수록 덕도 강조되어야 하지만, 집단을 원활히 통솔하기 위해서는 원칙을 명확하게 세우고 법과 규정(상과 벌)을 철저히 집행해야 합니다. 사랑과 인자는 교만과 방종을 낳을 뿐입니다.

# 52 간신을 멀리해야 합니다.
## 자신의 눈을 가리는 사람이 없도록 해야 합니다.

### 【중국의 환관(宦官)들】

과거 중국의 궁궐 안에는 해가 지면 남자가 머물 수 없었습니다. 결혼하지 않은 황제의 직계 가족과 궁녀 등 여자만 궁궐 안에 남을 수 있었는데, 환관 제도는 야간에 남자의 손이 필요한 경우를 대비하여 만든 제도입니다. (환관이란 거세(去勢)시킨 남자를 말합니다.)

환관은 잡심부름만 하도록 되어 있지만, 궁 안에 신하들이 없는 시간에 황제에게 붙어 신하들에 대해 온갖 고자질을 하거나, 황제의 눈을 가리는 짓을 했습니다. 따라서 높은 신하도 환관의 눈치를 무시할 수 없었습니다.

또, 환관은 황제가 잠자리를 함께 할 후궁을 고르는 임무를 수행했습니다. 따라서 환관에게 잘 보이거나 뇌물을 주는 후궁은 황제의 옆에 자주 갈 수 있었습니다. 황제의 부인인 황후가 일찍 죽으면 후궁 중에서 황제에게 잘 보인 후궁이 그 뒤를 이었으므로, 황후가 일찍 죽으면 평소에 그 후궁을 키워 준 환관이 큰 힘을 쓰기도 했습니다.

진시황의 진나라를 망쳐 놓은 자는 조고라는 환관입니다. 조고는 진시황의 똑똑한 왕자가 황제의 자리에 오르는 것을 막고, 자기가 지시하는 대로 말을 잘 들을 것 같은 어린 왕자가 황제의 자리에 오르도록 하기 위해 진시황의 유언장을 조작했습니다.

어린 왕자가 황제로 등극하자, 신하들이 모두 모인 자리에서 조고는 어린 황제에게 사슴을 바치면서 말이라고 했습니다. 황제가 어이없어 하며 주위에 있는 신하들에게 묻자, 어떤 신하는 아예 대답하지 않았고, 어떤 신하는 말이라고 하고, 어떤 신하는 사슴이라고 했습니다. 이때 조고는 사슴이라고 말한 신하들을 기억해 두었다가 나중에 그들을 모두 살해했습니다. 조고는 자신이 황제가 되기 위해 쿠데타를 계획하고 있었는데, 자기를 따르지 않을 신하를 미리 색출하여 제거하기 위해 사슴을 말이라고 우기는 연극을 벌인 것입니다.

위의 이야기가 '指鹿爲馬(지록위마)'라는 고사성어로 만들어졌습니다. '윗사람을 농락하며 권세를 마음대로 휘두르는 방자한 짓'이라는 의미입니다.

▽ 간신의 꼬임에 넘어가서 나라를 망친 이유는 왕이 멍청해서가 아닙니다. 간신의 교활함이 왕의 현명함을 넘었기 때문입니다. 측근, 특히 수족처럼 부리는 사람은 그가 충성스럽게 행동하더라도 전적으로 믿으면 안 됩니다. 또 그의 말을 함부로 따라도 안 됩니다. (사람은 모두가 간신의 기질을 지니고 있습니다.)

# 53 이성(異性)에 대한 사랑은 냉정해야 합니다.
이성(異性) 때문에 이성(理性)을 잃으면 안 됩니다.

【세계의 역사를 바꾼 미모의 여인】

만주족(여진족)이 중국 대륙까지 지배하며 청나라(1616-1912)를 세운 배경은, 이자성(李自成, 1606-1645)의 농민군이 명나라의 수도인 북경을 점령하자, 만리장성을 지키던 장수인 오삼계(吳三桂, 1612-1678)가 이자성의 내란을 진압하기 위해 청나라 군대를 만리장성 안으로 끌어들였기 때문입니다.

일설에 의하면, 진원원(陳圓圓)이라는 엄청난 미모의 여성이 북경에 있었는데, 오삼계의 첩이었습니다. 그런데 이자성이 북경을 점령하자 이자성의 부하 장수가 진원원의 미모에 빠져 그 여자를 데리고 갔습니다. 이에 변방을 지키던 오삼계가 분노하여 개인적인 복수를 하려고 청나라 군대를 만리장성 안으로 진입시켰습니다. 청나라 군대의 힘을 빌리려고 한 것입니다.

후세의 중국인(한족)들은 내란을 진압하기 위해 이민족인 청나라 군대를 만리장성 안으로 끌어들인 오삼계를 비난합니다. 그런데 결과적으로 보면, 오늘날의 중국이 지금처럼 만리장성 이북 지역을 자기의 영토로 취하여 다스릴 수 있게 된 것은 오삼계 덕분입니다. 한족이 만주족을 흡수하는 계기를 오삼계가 만든 것입니다. (진원원이라는 여성의 미모는 중국의 역사뿐만 아니라, 세계의 역사를 바꾸었습니다.)

▽ 중국의 역사에 나오는 경국지색(미모 때문에 나라를 기울게 한 여성)은 말희(妹喜), 달기(妲己), 포사(褒姒), 하희(夏姬), 서시(西施), 양귀비(楊貴妃), 진원원(陳圓圓) 등 상당히 많습니다. 중국에는 미인이 많은 것 같습니다. (춘추시대에는 신하의 아내와 간통하다가 들켜 신하에게 죽임을 당한 왕이 있고, 첩의 꼬임에 넘어가 정실과 태자를 죽인 왕도 있습니다. 나라를 망치고 망신한 사례인데, 중국은 여자들 때문에 문제가 많은 것 같습니다.)

▽ 중국의 역사에 나오는 3대 악녀는 유방의 부인인 한나라의 여태후(呂太后, ?-BC180), 자식을 죽이고 황제의 자리에까지 오른 당나라의 측천무후(則天武后, 624-705), 청나라의 서태후(西太后, 1835-1908) 등입니다. 권력을 잡기 위해, 또 잡은 권력을 유지하기 위해 수많은 사람을 서슴없이 죽인 무서운 여성들입니다. (그 여성들은 자신이 살아남기 위해 어쩔 수 없이 그렇게 했을 것입니다. 그렇게 할 수밖에 없는 상황에 놓여 있던 그들은, 인간적인 측면에서 볼 때 불행한 삶을 산 사람들로 보입니다.)

## 제 6 장

# 생존을 위한 전략을 세워야 합니다

이기고 살아남아야 합니다.

패하고 살아남으면 안 됩니다.

# 54 여론(언론)이 승패를 좌우합니다.
### 비수보다 더 날카롭고, 독보다 더 독한 것이 혀입니다.

【삼인성호(三人成虎)】

중국 춘추전국시대에는 국가 간에 신뢰를 구축하기 위한 방법으로 왕이 자식들을 인질로 맞교환했습니다. 적에 대한 전략적인 억제 무기가 없고, 또 국제법이 없던 그 시대에는 상대방 국가의 왕자를 인질로 잡고 있는 것이 국가의 안보를 위한 최선의 방법이었습니다.

전국시대의 위(魏)나라 혜왕은 태자를 조(趙)나라에 인질로 보내야 했는데, 신하인 방총(龐葱)을 수행시켰습니다. 그러자 방총이 혜왕을 찾아와 심각한 어조로 말했습니다.

"시장 거리에 호랑이가 나타났다면 믿으시겠습니까?"

"그런 말을 누가 믿겠소?"

"두 사람이 그 말을 하면 믿겠습니까?"

"역시 믿을 수 없소."

"세 사람이 그 말을 똑같이 하면 믿으시겠습니까?"

"그러면 믿을 것이오."

"제가 조나라로 가면 저를 헐뜯는 사람이 세 사람을 넘을 것입니다. 헛된 말일 터이니까, 제발 믿지 말아 주십시오."

"염려하지 마시오. 당신에 대한 말은 내가 직접 보기 전에는 믿지 않을 것이오."

왕은 방총에게 그렇게 약속했으나, 인질 기한이 끝난 후 태자는 돌아왔지만 방총은 돌아올 수 없었습니다. (돌아온 태자가 왕위에 오른다면 태자를 수행하여 적국에 가서 태자를 위해 고생한 방총이 힘을 크게 쓸 것이 뻔합니다. 본국에 있던 경쟁자들이 방총에게 가한 모함의 수준이 어떤 정도였는지 짐작이 갑니다.)

▽ 능력이 뛰어난 사람이 인사권자로부터 멀리 떨어져 있으면 주위의 모함으로 버림받게 됩니다.

【용한 점쟁이와 돌팔이 의사】

용한 점쟁이는 점을 잘 치기 때문에 용해지는 것이 아닙니다. 점을 보러 오는 여자들의 비위를 잘 맞춰 주기 때문에 용해지는 것입니다. 의사가 돌팔이가 되는 경우는 의사의 실력이 부족하기 때문이 아닙니다. 말을 잘하는 환자에게 불친절하게 대하면 돌팔이 의사가 됩니다. 우는 아이에게 '호랑이가 온다'라고 하면 아이가 울음을 뚝 그치기도 하는데, 그것은 아이가 호랑이의 무서움을 직접 당해 보아서가 아닙니다. 호랑이가 무섭다는 이야기를 평소에 주위에서 들려주며 겁을 주었기 때문입니다.

▽ 언론 기관이 상대방을 일방적으로 돕고 있다면, 혹은 자신을 비난하고 있다면, 이길 수 없습니다. 언론 기관을 장악해야 합니다. 승패는 언론 기관이 결정합니다.

# 55 약점이 없는 완벽한 존재는 없습니다.
## 강할수록 쉽게 무너집니다.

【마지노선(Maginot Line)의 붕괴】

제2차 세계대전이 발발하기 전, 프랑스는 독일의 침공에 대비하여 강력한 방어선인 마지노선을 독일과의 국경선상에 구축(1930-1934)했습니다. 그런데 제2차 세계대전을 개전한 독일군은 마지노선을 정면으로 공격하지 않았습니다. 마지노선을 우회하여 알덴느라는 협소한 고원 지역을 통과한 후 마지노선을 후방에서 공격했습니다. 독일 쪽에서 공격해 오는 적을 방어하기 위해 구축한 마지노선은 반대편인 프랑스 쪽에서 공격해 오는 독일군을 방어할 수 없었고, 마지노선만 믿고 있던 프랑스는 삽시간에 무너졌습니다.

▽ 믿고 있던 강한 것이 무너지면 심리적인 공황이 발생하여 걷잡을 수 없게 됩니다.

▽ 방어는 한계가 있는 전략입니다. 방어보다는 공격해야 합니다. 적의 약점을 찾고, 거기에 쐐기를 대고 해머로 내려치듯 기습으로 선제공격한 후, 주도권을 놓치지 않고 적의 저항 의지가 말살될 때까지 끝없이 공격해야 합니다.

# 56 전쟁의 피해는 막대합니다.
## 싸우지 않고 이기는 것이 최상입니다.

【전쟁의 소모성】

미국이 발표한 바에 의하면, 1970년대 중반까지 수행한 월남전 전쟁 비용은 월 평균 51억 불입니다. 2003년 3월에 개전한 대이라크 전쟁 비용은 월 평균 52억 불입니다. 일일 평균 1억 7천만 불 이상 소모했습니다. (당시 금액입니다.) 전쟁에는 돈만 소모되는 것이 아닙니다. 수많은 사상자와 각종 파괴는 엄청난 고통을 수반하고 후유증을 남깁니다.

▽ 개인 간의 분쟁도 마찬가지입니다. 인력, 시간, 정보 수집 비용, 선전 비용, 로비 비용, 소송 비용, 소송 결과에 따른 배상 비용 등 엄청난 소모가 따릅니다.

▽ 『손자병법』에는 '싸우지 않고 이기는 것이 최선'이라고 했는데, 진리입니다. 그런데 그런 생각은 정치가인 군 통수권자만 하고 있어야 합니다. 군인은 '적을 철저히 분쇄하겠다'는 생각만 하며 열심히 훈련해야 합니다. 그렇게 해야 군 통수권자가 용감한 자신의 군대를 적에게 내세우며 적에게 항복을 강요할 수 있습니다. 군인 자체가 싸우지 않고 이기려고 한다면, 싸움은 누가 해야 하는지를 생각해 보아야 합니다.

# 57 강자가 이긴 전쟁은 별로 없습니다.
### 전쟁(경쟁)은 끝나 봐야 결과를 알 수 있습니다.

【청일전쟁과 노일전쟁】

청일전쟁(淸日戰爭, 1894-1895)은 우리나라 때문에 발발했습니다.

밀려오는 외세에 항거하여 농민들이 동학혁명을 일으키자, 진압 능력이 없던 조선 정부는 청나라에 진압 병력을 요청했습니다. 이에 청나라는 아산만에 3,500여 명의 군인을 상륙시켰습니다. 청나라 군인이 우리나라에 상륙하자, 우리나라에 대한 영향력 감소를 우려한 일본은 자국 거류민을 보호한다는 구실로 7,000여 명의 군인을 우리나라로 파병했습니다. 동학혁명을 일으킨 농민군은 청나라와 일본이 각기 군대를 파견하자 전주화약(1894년 6월 10일)을 맺고 스스로 물러났습니다.

청나라와 일본은 동학혁명이 진압되면 자국의 병력을 우리나라에서 철수시키기로 사전에 약속했었는데, 청나라는 병력을 철수시키지 않았습니다. 조선 정부가 요청해서 파병했으므로, 조선 정부의 철수 요청이 없는 한 철수시킬 수 없다는 것이 청나라의 핑계입니다. 이에 일본군은 우리나라에 주둔한 청나라 군대를 공격했고, 청일전쟁이 시작되었습니다.

전면전이 일어나자 전쟁 초기에는 열강들이 청나라를 지원했습니다. 덩치가 큰 청나라가 이길 것처럼 보였고, 또 이익이 많은 청나라에게 잘 보여야 장차 많은 이익을 챙길 수 있기 때문입니다. 그러나 일본이 승기를 잡자, 열강들은 청나라에게서 등을 돌리고 일본 편을 들기 시작했습니다. 게다가 일본이 승리를 거둔 후에는 힘이 빠진 청나라를 협박하여 청나라로부터 많은 이권을 챙겼습니다.

청일전쟁을 승리로 이끈 지 9년 만에 일본은 우리나라에 대한 주도권을 잡기 위해 러시아에 대하여 노일전쟁(露日戰爭, 1904-1905)을 벌였는데, 이 전쟁도 일본이 승리했습니다. 강대국인 러시아가 승리하면 힘이 더 커질 것을 우려한 열강들이 노골적으로 러시아를 방해하거나 암암리에 일본을 지원했기 때문에, 일본이 승리했습니다.

## 【중동전쟁(中東戰爭)】

중동전쟁은 4차에 걸쳐 발발했습니다.

1차 중동전쟁은 이스라엘이 독립을 선언한 지 이틀 후인 1948년 5월 16일에 발발하여 1949년 2월까지 계속되었습니다. 이 전쟁을 이스라엘의 독립전쟁이라고 부릅니다. 2차 중동전쟁은 1956년 10월 29일에 개전되어 11월 7일에 휴전되었습니다. 수에즈전쟁이라고도 합니다. 이집트의 대통령이 된 나세르가 이스라엘을 고립시키기 위해 수에즈 운하를 봉쇄하려다가 발발한 전쟁입니다.

3차 중동전쟁은 1967년 6월 5일부터 10일까지 6일간 수행되어 6일전쟁이라고 부릅니다. 4차 중동전쟁은 1973년 10월 중에 벌어져서 10월 전쟁이라고 부릅니다.

중동전쟁은 4차에 걸쳐 발발했지만, 3차까지는 이스라엘의 일방적인 승리였고, 4차 중동전쟁인 10월 전쟁은 비겼다고 평가됩니다. 이와 같은 결과가 나온 원인은 아랍권을 제외한 대부분의 국가들이 약자인 이스라엘을 지원했고, 또, 약자인 이스라엘은 패하면 나라가 사라지니까 국민들이 모두가 목숨을 걸고 악착같이 싸웠기 때문입니다. (아랍 국가들은 상대적으로 강하니까 다른 국가들이 직접 지원해 주지 않았습니다. 또한 아랍 국가의 군인들은 패하더라도 자기 나라가 사라지는 것이 아니니까 열심히 싸운 것 같지 않습니다.)

▽ 강자와 약자가 맞붙으면 분쟁이 생긴 원인에 관계없이 주위에서는 약자를 동정하고 편듭니다. 강자가 이겨서 더 강해지는 모습을 본능적으로 거부하는 심리가 사람의 내면에 존재하기 때문입니다. 그래서 전쟁이나 경쟁은 끝나 봐야 그 결과를 알 수 있습니다. 주위에서 약자를 돕기 때문입니다.

# 58 전쟁은 의지로 하는 것입니다.
## 악착같고 끈질긴 쪽이 이기게 되어 있습니다.

【현대의 전쟁 결과】

미국과 러시아의 군사력만을 보면, 미국과 러시아가 개입한 전쟁은 상대방이 어느 나라이건 미국과 러시아가 쉽게 이기고 끝날 것처럼 보입니다. 그러나 실제에 있어서는 그런 경우가 드뭅니다.

세계의 최강이라고 하는 미국은 제2차 세계대전 후 한국전쟁에 개입했지만 정전협정을 맺어 놓고 무한정 대치하고 있습니다. 베트남에서는 베트콩에게 망신만 당하다가 북베트남과 평화협정을 맺고 슬그머니 물러나왔습니다. (미국이 패한 전쟁입니다.) 소말리아에서는 대책이 없게 되자 얼버무리고 나왔습니다.

러시아도 사정은 마찬가지입니다. 며칠 만에 끝낼 것 같았던 아프가니스탄 침공은 반군의 강력한 저항으로 피해만 보고 철수했습니다. 체첸 문제는 표면적으로는 마무리된 것처럼 보이지만, 저항이 끊이지 않고 있습니다.

▽ 클라우제비츠가 언급한 바와 같이, 전쟁의 승패는 무기가 아닌 의지가 결정합니다. 죽음을 두려워하지 않고 모두가 단결하여 악착같이 저항하면 상대방이 그 누구일지라도 물리칠 수 있습니다.

# 59 속여야 쉽게 이길 수 있습니다.
## 전쟁(경쟁)은 속임수로 하는 것입니다.

### 【성동격서(聲東擊西)】

『36계』의 6번째 계는 '성동격서(聲東擊西)'입니다. '동쪽에서 소리 지르고 서쪽을 공격한다'는 전략입니다.

'전쟁은 속임수로 해야 한다'는 글은 병서마다 기술되어 있습니다. 속이지 말고 정정당당히 싸우라고 기술한 병서는 한 권도 없습니다. 실제로 방어를 쉽게 하기 위해서는 강하게 공격할 것 같은 자세를 취하고, 공격을 쉽게 성공시키기 위해서는 움츠리며 방어만 하고 있을 듯이 보이다가 기습해야 합니다.

▽ 전쟁법에는 속임수에 관한 규정이 없습니다. 상대방을 얼마든지 속여도 됩니다. 악착같으며, 시간과 돈에 여유가 많고, 기습과 속임수에 능한 자가 이기는 것이 전쟁입니다.

▽ 현실에서 보면, 자신이 정정당당함을 고집한다고 해서 상대방도 그렇게 나오는 것이 아닙니다. 또한 어떤 것이 정정당당한 것이고, 어떤 것이 속임수인지 명확하게 구분되는 경우도 거의 없습니다.

# 60 승패는 자기가 결정하는 것이 아닙니다. 독불장군이어서는 안 됩니다.

### 【춘추시대에 있었던 전쟁의 결과】

춘추시대에는 적군과 아군이 구별되지 않았습니다. 조금 전까지 동맹 관계였더라도 약점이 보이면 언제든지 기습해서 멸망시키고, 자신의 딸을 적의 왕과 혼인시켜서 적의 왕이 방심하면 그 틈을 타서 사위를 죽이고 나라를 빼앗기도 했습니다.

또한 당시에는 일대일의 전쟁이 거의 없었습니다. 조금이라도 이해관계가 걸려 있는 나라들은 개입하거나 참견했습니다. 참견의 정도도 심했습니다. 적의 영토를 점령하더라도 돌려주라고 하며 주위에서 압박하면 물러나야 했습니다. 거부하면 연합해서 공격해 오기 때문입니다. 전쟁은 자기가 수행하더라도 종결 후의 전과 획득은 주위에서 남들이 합의한 결과에 따라야 했습니다.

▽ 이라크는 쿠웨이트를 기습하여 완전히 점령했지만(1990년 8월), 미국 등 연합국의 공격으로 이듬해에 철수해야 했습니다.

▽ 남들이 그렇다고 하면 그런 것이 현실입니다. 따라서 결과물을 제대로 챙기려면 주위에 있는 심판들, 즉 주위에 있는 사람들과 평소에 인간관계를 잘 맺어 놓아야 합니다.

# 61 자기 자신을 보호해야 합니다.
자신이 존재하지 않는 세상은 의미가 없는 곳입니다.

【칭기즈칸과 알렉산더 대왕의 차이】

칭기즈칸과 알렉산더 대왕은 공통점보다 상이한 점이 많습니다. 특히 전장에서의 태도는 극히 상반된 모습입니다.

칭기즈칸은 전장에 나가더라도 적의 화살 도달거리 밖의 안전한 곳에 위치했습니다. 적의 화살이 도달하는 거리의 2배 이상 밖에 머물며 전투의 큰 방향만 지시하고, 세세한 전투는 적과 마주하고 있는 장수들이 책임지고 하도록 했습니다.

알렉산더 대왕은 자신이 항상 앞장섰습니다. 인도 원정에서는 적이 방어하는 성의 성벽을 타고 넘었는데, 부하들이 미처 따르지 못해 적의 성벽 안쪽에서 적에게 홀로 고립되어 중상을 입고 전사할 뻔했습니다.

▽ 칭기즈칸이 세운 제국은 대를 이어 수백 년간 유지되었지만, 알렉산더 대왕이 정복한 땅은 그가 사망하자 20여 개로 분할된 후 사라졌습니다. 칭기즈칸은 행정을 이해한 통치자였고, 알렉산더 대왕은 행정보다는 정복욕이 앞서는 군인형 군주입니다.

▽ 칭기즈칸은 일찍이 아버지를 잃고 떠돌아다니던 자수성가형, 문맹, 검소하고 겸손한 스타일, 반항하는 적은 몰살시키는 잔혹한 성격의 소

유자, 자신의 부하를 가족처럼 챙기는 자애로운 지휘관, 백성의 삶과 경제의 중요성을 이해한 현명한 군주 등의 평가가 있습니다.

알렉산더 대왕은 자기 아버지인 왕을 시해하고 왕좌를 인수했다는 의혹을 받고 있고, 당대 최고의 학자인 아리스토텔레스로부터 학문을 배운 지식인, 검소하지만 거만하고 자신을 내세우는 성격, 용감한 적에 대하여는 전투 후 예우를 베푸는 전형적인 무인 스타일, 전쟁광 등의 이미지입니다.

▽ 앞에서도 언급했지만, 전략은 자기 자신의 생존이 기본입니다. 자기 자신이 건강하게 살아 있어야 자신이 원하는 세상을 만들 수 있습니다. 자신이 죽으면 그 순간 자신이 꿈꾸던 이상도 자신과 함께 이 지구상에서 사라집니다.

# 62 틈새와 빈 공간을 찾아야 합니다.
약할 때는 물러서거나 숨을 줄 알아야 합니다.

【제갈량의 판단】

『삼국지』는 유비와 그의 의형제들이 주인공처럼 기술되어 있지만, 실상 그들은 중국을 통일시킬 능력이 없었습니다.

유비를 보면, 짚신과 돗자리를 팔아 근근이 연명하던 그가 사람들을 동원하기 위해 필요한 자금이 있을 리 없으며, 그 당시는 황제를 뽑을 때 국민투표를 통하는 시대가 아니었기 때문에 가난하다는 사실을 앞세워 동정심을 이용한 여론몰이를 해 보았자 도움이 되지 않습니다. 따라서 주위에 널려 있는 명문 귀족 출신들을 모두 제압하고 유비가 중국을 통일시킨다는 것은 불가능한 일입니다.

제갈량도 자신을 불러주는 사람이 없으니까 선택의 여지가 없어서 마지못해 유비를 따라나서기는 했지만, 유비가 중국을 통일시킬 것이라는 생각은 하지 않았을 것입니다. 자기 대에서는 기반이나 제대로 잡아 놓으면 다행이라고 생각했을 것입니다. 그래서였는지 제갈량이 선택한 전략은 남들이 거들떠보지 않는 척박한 땅을 골라 그곳을 차지하며 유지하는 것입니다. 실제로 제갈량이 유비에게 권해서 유비가 선택한 촉나라 땅은 산세가 험할 뿐만 아니라 '보름달이 뜨는 것을 본 개가 해가 다시 뜨는 줄로 알고 놀라서 짖었다'는 이야기가 있을 정도로 무더운 곳입니다.

▽ 약자가 강자들 틈에 끼이면 죽게 됩니다. 강자들이 소홀히 여기는 곳을 차지하고 발판을 다진 후 나서야 합니다.

▽ 특정 분야에서 제일가는 사람이 되는 것과, 권력을 쥔 황제가 되는 것은 개념이 전혀 다른 이야기입니다. 특정 분야에서 제일가는 사람이 되려면 남들보다 조금만 더 나으면 됩니다. 예를 들면, 제일가는 부자가 되려면 남들이 갖고 있는 것보다 조금만 더 많이 가지면 됩니다. 그러나 황제가 되려면 세상에 존재하는 모든 권력을 회수해야 합니다. 거기에 반발하는 자들이 있으면 그들을 모두 제압하거나 제거한 후, 회수한 권력을 자기 손으로 다시 나누어 주어야 합니다. 결코 쉬운 일이 아닙니다.

▽ 황제가 되면 불행해집니다. 굶주리는 백성의 원성, 쌓이는 상소문, 민중을 선동하는 교활한 데모꾼들, 대형 사고, 관리의 부정과 부패, 신하의 세력 다툼, 간신의 속삭임, 반란 모의, 처형을 결정할 때 갖는 고뇌, 무능하고 나태한 계급만 높은 군인들, 외국의 무력 침공, 강대국의 횡포, 자식 간의 후계자 싸움, 후궁들의 세력 다툼, 각종 회의와 행사 참가, 항상 입어야 하는 정복, 지켜보는 눈, 게다가 자리를 빼앗기면 가족들까지 모두 죽는다는 현실에 대한 압박감. 멋이 있어 보이지만, 겉모습일 뿐입니다. (만일 저에게 기회를 주며 선택하라고 하면, 권력은 피하고 가족들과 함께 하루 세끼를 편히 먹을 수 있을 정도의 돈을 선택하겠습니다.)

# 63 생존을 위한 정신력이 강해야 합니다.
## 결정적인 순간에는 목숨을 걸어야 합니다.

【이스라엘의 영웅들】

1차 중동전쟁 발발 시 이스라엘은 독립을 선포한 지 이틀밖에 되지 않았기 때문에 군대가 없었습니다. 게다가 그들은 천대받으며 세계의 각지를 떠돌던 민족이었기 때문에 군대를 경험한 사람이 별로 없었습니다. 이에 반하여 이집트를 위시한 아랍 국가들은 강력한 정규군을 보유하고 있었습니다.

아랍 국가에서 동원한 2만여 명의 정규군이 공격해 오자, 이스라엘 국민들은 남녀노소가 모두 무기를 들었습니다.

이집트 탱크가 접근해 오자, 어떤 이는 수류탄을 들고 이집트 탱크에 돌진하여 탱크와 함께 자폭했습니다. 어떤 소녀는 적의 탱크에서 쏜 총알에 팔을 잃자 치마를 찢어 절단된 팔 부분을 동여맨 다음에 수류탄을 들고 돌진하여 탱크와 함께 산화했습니다. 젊은 장교는 이집트 군함이 출항하지 못하게 하기 위해 기뢰를 짊어지고 수영으로 접근하여 군함을 격침시켰습니다. 인간의 힘이라고는 믿기지 않을 정도의 엄청난 힘을 모두가 발휘했습니다.

전쟁에서 산화한 이들은 전쟁이 끝난 후 이스라엘의 건국 영웅으로 추앙받았지만, 실질적인 이스라엘의 건국 영웅들은 모든 이스라엘 국민들입니다.

▽ 인간의 내면에 들어 있는 죽음에 대한 공포를 이용해야 합니다. 내면에 잠재해 있는 죽음에 대한 공포를 적에 대한 적대감과 공격력으로 승화시키면 엄청난 힘을 발휘합니다.

▽ 목표를 잊지 않고 악착같이 추진해야 합니다. 또한 목숨을 걸어야 할 때는 목숨을 걸어야 합니다. 이 세상의 일은 사람이 행하면서 결과를 만들기 때문에, 결정적인 순간이 오면 그 어떤 것도 두려워하지 말고 상대방보다 더 과감해야 합니다. 목숨을 걸 줄 알아야 성취할 수 있습니다.

▽ 적의 앞에서 머뭇거리거나 망설이면 안 됩니다. 결정했으면 결정한 대로 두려워하지 말고 목숨을 걸고 과감하게 실행해야 합니다. 적의 앞에서 머뭇거리거나 망설이는 것처럼 잘못된 행동은 없습니다.

# 64 개인적인 매력을 갖추어야 합니다.
## 많은 사람과 융화해야 합니다.

【공자(孔子)의 사상이 존속한 이유】

 전설 속의 황제인 요(堯)와 순(舜), 게다가 주(周)나라 초기의 왕과 귀족이 행했다던 행적을 어느 정도 과장하여 사고를 정립한 공자는 자신이 생존하던 당시에는 빛을 보지 못했습니다. 공자의 사상은 철학 면에서 약했고, 그가 주장하는 이상은 살벌한 당시의 현실과 동떨어진 것이며, 까다로운 관혼상제 의식의 요구 등은 경제력이 뒷받침되는 일부의 귀족이나 행할 수 있을 정도여서 널리 받아들여질 수 없었습니다.

 공자의 사상이 중국의 일부 지방(북부 지방)에 뿌리를 내릴 수 있었던 가장 큰 이유는, 이 책의 앞부분에서 언급한 바와 같이 '君君 臣臣 父父 子子(군군 신신 부부 자자)'를 내세워 최고의 권력자인 황제들에게 기특해 보였기 때문입니다. 또한 황제들에게 관심을 사서 정계에 진출한 유학자들이 그 기회를 놓치지 않고 주도권을 잡은 후 후진들을 계속 등용시키며 키워 주었기 때문입니다.
 그 외에, 공자의 사상에는 골치 아픈 내용이 없다는 장점이 있습니다. 공자가 주장하는 효(孝), 인(仁), 예(禮) 등은 공자가 언급한 성군들의 행동을 모방하기만 하면 모두 해결됩니다. 머리를 쓰며 살아가기 싫은 사람들, 즉 그럴듯한 복식을 갖추고 엄숙한 표정을 지으며 고상한 언행으로 서민들 앞에서 폼 잡으며 살아가더라도 먹고사는 데 지장이 없는 사회의 상류층이 자신의 우월함을 내세우기에 적합한 사상입니다. 게다가 『논어』 등 유가의 책들은 깊은 철학이 아닌 처세와 격식에 관한 내용이 주를 이루고 있고, 또 쓰인 문체가 쉽기 때문에 공부를 많이 하지 않은 웬만한 사람도 쉽게 읽고 이해할 수 있습니다.

공자의 인간적인 매력도 한몫했습니다. 외모는 물론, 인품 또한 뛰어났기 때문에 많은 제자가 공자를 따랐고, 제자 중에 글을 잘 쓰는 제자가 많아서 공자를 위해 좋은 글을 남겼습니다. (공자의 말씀을 담은 『논어』는 공자가 사망한 지 200년 정도가 지난 후 유가의 제자들이 공자의 말씀을 종합하여 정리해 놓은 것입니다. 송나라의 유학자 주희는 유가의 책들을 정리하여 사서(『논어』, 『맹자』, 『대학』, 『중용』)의 체계를 확립했습니다.)

▽ 공자의 사상은 동아시아인의 사고를 지배했습니다. 그런데 만일 이 지구상에 공자의 사상이 존재하지 않았다면 동아시아의 역사는 물론, 세계의 역사가 상당히 박진감 있게 흘러왔을 것이라는 상상입니다.

# 65 굽혀서라도 살아남아야 합니다.
## 살아남아야 목표를 이룰 수 있습니다.

【월왕 구천(句踐)의 항복】

앞에서 기술한 바와 같이, 월나라 왕 구천은 회계산 전투에서 오나라 왕 부차에게 패하자 나라를 부차에게 바치고 자신은 부차의 종이 되며, 자기 부인은 부차의 첩이 된다는 조건으로 항복했습니다. 만일 구천이 평범한 사람이었다면 그 당시 미쳐 버렸거나 자살했을 것입니다. 그러나 그는 모욕과 수모를 견뎌 냈고, 견뎌 냈기 때문에 많은 백성들과 함께 자기 자신이 살아남을 수 있어서 재기한 후 복수할 수 있었습니다.

▽ 목표가 있다면 이를 달성하기 위해 어떤 고난이 닥치더라도 극복해야 합니다. 아무리 치욕스럽고 또 고통스러운 것일지라도 그렇습니다. 자신이 죽기 전에는, 어디든지 걸어서 갈 수 있는 건강 상태라면, 자신의 목표를 결코 포기하면 안 됩니다.

▽ 성격이 급한 물고기는 잡혀서 물 밖으로 나오자마자 자기 성질에 죽어 버립니다. 살아 있어야 도망할 기회를 얻는데, 성격이 급해서 죽어 버리기 때문에 기회를 얻을 수 없습니다. 사람도 물고기와 마찬가지입니다. 성격이 느긋해야 유리합니다.

# 66 강자의 등에 업혀야 합니다.
# 강자가 자신에게서 떠나지 않도록 해야 합니다.

【이스라엘이 버틸 수 있었던 이유】

중동전쟁은 이스라엘이 진즉 패하고 끝났어야 할 전쟁입니다. 양측의 전력 차이가 너무 컸기 때문입니다. 그런데 이스라엘이 멸망하지 않은 결정적인 이유는, 강대국인 미국의 등에 업혀 있었기 때문입니다.

이스라엘 사람들은 국가가 독립하기 이전부터 많은 사람이 미국으로 이민했는데, 이민한 그들이 미국에서 시작한 직업은 세계 각국의 사람이 찾아와 더럽히고 가는 호텔의 화장실 청소, 힘들어서 아무나 할 수 없는 세탁소 경영, 야채상 등입니다. 그렇게 고생하면서도 그들은 자식의 교육에 집중했습니다. 그 결과 그들의 자식은 미국 사회의 주요 분야를 모두 장악하다시피 했습니다.

때문에, 이스라엘은 미국으로부터 아랍 국가들에 대한 정보를 계속해서 제공받았고, 전쟁하다가 무기가 떨어지면 무기를 즉시 보충받았습니다. 불리한 상황으로 전환될 것 같거나 전쟁을 종결시켜야 할 적절한 시기가 되면 미국이 나서서 휴전 협정을 유도해 주었습니다. 이스라엘은 결코 패하지 않을 여건이었습니다.

# 67 이용할 수 있는 것은 모두 이용해야 합니다. 귀신, 신, 종교 등 모두가 이용의 대상입니다.

【상대방 주변에 있는 인물 이용】

자신에게 영향을 줄 수 있는 사람을 움직이려면 그의 주변에 있는 사람을 이용해야 합니다.

상대방의 배우자를 이용할 수 있다면, 거의 확실합니다. 베갯머리송사보다 더 확실한 것은 없습니다. 상대방의 배우자를 이용할 수 없다면, 다른 사람을 접근시켜도 됩니다. 『36계』의 31번째 계인 '미인계(美人計)'에 넘어가지 않을 인간은 없습니다.

상대방의 배우자 다음으로 효과가 큰 인물은 그의 부모입니다. 부모가 정색을 하고 자식에게 압력을 가하도록 불쌍한 표정을 지으며 상대방의 부모에게 아부를 잘하고, 또 바쳐야 합니다.

세 번째는, 상대방의 자식입니다.

네 번째는, 상대방과 절친한 사람입니다.

다섯 번째는, 상대방이 자신의 옆에 두고 부리는 사람입니다. 예를 들면, 비서실장이라든가, 특별 보좌관, 운전기사 등입니다.

▽ 공짜를 바라면 절대로 안 됩니다. 물을 켜게 하려면 소금을 먹여야 함이 당연합니다. 포섭할 대상에게 예의를 갖춤은 필수입니다. 뇌물을 바쳐야 합니다.

▽ 더럽다거나 비겁하다는 것의 기준은 없습니다. 엎드려야 할 상황이면 비굴한 표정을 지으며 얼른 엎드리고, 바쳐야 할 타이밍이면 상대방의 수준에 과분할 정도로 바쳐야 합니다. 기계가 고장 없이 원활하게 돌게 하려면 적절한 순간마다 정성스럽게 기름을 쳐 주어야 하고, 씨를 뿌려서 나온 싹이 제대로 자라게 하려면 냄새나는 거름을 주어야 합니다.

▽ 확실한 뇌물 중에 하나는, 사람을 추천해 달라고 상대방에게 부탁하는 것입니다. 뇌물을 받아 챙기고 사람을 추천하건, 자신의 자식이나 친인척을 추천하건, 상관하지 않고 취업시켜 주면 됩니다. 취업시켜 주고 월급을 주되, 지불한 월급 액수 이상을 상대방으로부터 뽑아내면 됩니다. 이는 인질을 잡고 또 상대방을 공범으로 만드는 좋은 방법입니다.

【귀신과 종교도 이용】

인간 세상에서 가장 큰 힘을 발휘하는 존재는 신이 아닙니다. 신을 모시는 종교인입니다. 종교인을 대할 때는 마치 신을 대하는 것처럼 진실한 존경심에 의한 극진한 예의가 필수입니다.

# 68 받으려면 먼저 주어야 합니다.
세상에 곧은길은 없습니다.

【영국을 정복한 윌리엄 1세】

예루살렘 성지순례 도중 사망한 노르망디 공작 로베르 1세에게는 7살 된 아들이 있었습니다. 냇가에서 일하는 세탁부 여인을 자신의 성 안 숙소로 불러들여 그 여인이 낳은 아들인데, 그 아이가 11세기에 영국을 정복하여 영국의 왕이 되고 또 영국의 운명을 바꾸어 놓은 윌리엄 1세(William I, 1028-1087)입니다.

윌리엄 1세는 아버지 계열의 친척인 마틸다와 결혼했으나 친척 간의 결혼이라는 이유로 교황이 불허했습니다. 이에 윌리엄 1세는 자신과 왕비의 이름으로 각각 교회를 지어 교황에게 헌납하고 교황의 결혼 승인을 얻었습니다. 교황에게 뇌물을 바친 것입니다.

1066년 윌리엄 1세의 친척이자 당시 영국의 왕인 에드워드가 사망하자, 윌리엄 1세가 영국의 왕위에 오르는 것을 돕겠다고 약속했던 헤럴드가 윌리엄 1세를 배신하고 영국의 왕위를 차지했습니다. 이에 윌리엄 1세는 교황을 찾아가 종교적인 후원을 건의하여 교황의 승인을 받았습니다. 헤럴드에 대한 공격의 정당성을 대외적으로 인정받기 위해 교황을 이용한 것입니다.

영국의 남부에 상륙한 윌리엄 1세는 영국 북부에 침입한 노르웨이를 격퇴하고 돌아오던 헤럴드와 헤이스팅스라는 지역에서 전투(1066)를 벌여 승리하고, 자신이 영국의 왕으로 등극했습니다.

영국의 왕이 된 윌리엄 1세는 영국의 모든 귀족을 프랑스 출신으로 교체시키고, 기존 지주 4,000여 명이 보유하던 영국의 모든 토지를 압수하여 프랑스 출신 귀족들에게 나누어 주었습니다. 또한 영국의 인구, 생산되는 물자, 특산품, 모든 가축의 수까지 정확하게 조사하여 기록한 후 철저하게 착취하고, 이에 반발하여 반란을 일으키는 자들은 무자비하게 진압했습니다.

▽ 윌리엄 1세는 민중의 반란에 대비하여 영국 각지에 성을 세웠는데, 이로 인해 영국에는 멋있는 성들이 존재하고 있습니다. 또한 영국 거주민들에게 프랑스식 사상과 풍습, 예술을 강요하고, 귀족들을 모두 프랑스인으로 교체했기 때문에 기존 영어에 프랑스어가 영향을 주어 오늘날의 영어가 성립되었습니다. 기존에 유지되던 영국과 스칸디나비아 국가 간의 교류는 단절되었습니다.

▽ 윌리엄 1세는 튼튼한 골격에 건장한 신체를 지녔으며, 능수능란한 사람이었습니다. 법률과 행정에 능했고, 부하들에게 신에 대한 개념을 심어 주어 전쟁과 살육을 정당하게 여기도록 만드는 한편, 전투 후에는 신에게 참회하는 시간을 주어 마음을 편하게 만들어 주었습니다. 적에 대해서는 얼마든지 극도로 잔혹한 면을 보였는데, 윌리엄 1세는 합리성과 적에 대한 잔혹성이 교묘하게 어우러진 인물이라는 것이 후세의 평가입니다. (그런 윌리엄 1세가 자신의 목표 달성에 가장 큰 도움이 될 교황에게 예의를 지키는 일, 즉 뇌물을 바치는 일에 거리끼는 마음을 지녔을 리 없습니다.)

## 【성인의 삶과 평민의 삶은 다른 것】

너무 청렴하고 또 이상을 추구하는 성격이면 다른 사람들과 함께하기가 어렵습니다. 조직에 들어가면 왕따가 된 후 오래 버티지 못하고 해고되며, 사회에서도 적응하지 못하여 힘든 삶을 살아가게 됩니다.

철학자인 장자도 관리였다는 설이 있는데, 만일 관리 생활이 그에게 맞았다면 그는 관직에 눌어붙어 있었을 것입니다. 그러나 장자는 관직에서 일찍이 물러나왔고, 그의 집 굴뚝에서는 연기가 난 적이 없을 정도였습니다. 너무 궁핍해서 양식이 없기에, 밥을 짓기 위해 아궁이에 불을 지핀 적이 거의 없었다는 이야기입니다. (백성들에게서 뜯어다가 상관에게 바쳐야 하고, 자신보다 높은 사람에게는 온갖 예의를 지켜야 하며, 다른 한편으로는 민원인에게 시달려야 하는 관리 생활은, 자유로운 사고와 삶을 추구하던 장자에게 엄청난 고통이었을 것입니다.)

▽ 성인(聖人)들은 자신의 고집대로 깨끗한 삶을 살았다고 하는데, 그렇게 살았기 때문에 그들은 굶주림에 시달리거나 모진 수모를 당한 후 끝장났습니다. 성인들이 당했던 것과 동일한 고초를 극복할 자신이 없다면 성인들의 사고와 행동을 모방하지 않아야 합니다.

# 69  관심과 경계의 대상이 되지 않아야 합니다.
## 약하고 쓸모없게 보여야 합니다.

【높은 산을 지키는 나무】

쓸모없는 나무의 이야기는 『장자』에 기술된 매우 유명한 이야기입니다. 가구 등을 만들 수 없는 나무는 사람들이 거들떠보지 않기 때문에 베어지지 않아서, 고목이 될 정도로 오랜 세월 동안 살아남는다는 이야기입니다.

'새옹지마(塞翁之馬)'는 '몸이 성한 젊은이는 군에 징집되어 전쟁터에 나가 죽었는데 어렸을 때 말에서 떨어져 다리를 저는 아이는 군에 징집되지 않아 살아남았다'는 이야기입니다.

▽ 높은 산을 지키는 고목나무는 곧게 뻗어 잘 자란 나무가 아닙니다. 쓸모없이 자라 사람들이 쳐다보지 않는 나무입니다.

▽ 자신의 능력을 과시하지 않아야 합니다. 뛰어난 능력을 내보이면 질투의 대상이 되거나, 이용당한 후 쓸모가 없어지는 순간 내쳐집니다. (능력을 칭찬해 주며 접근하는 이유는, 미래를 보장해 주기 위함이 아닙니다. 이익을 챙겨 가기 위해 이용하려는 것입니다.)

## 제 7 장

# 강자에 대비한 전략을 세워야 합니다

강자가 패한 경우가 더 많습니다.

승부의 결과는 확정된 후에 말할 수 있습니다.

# 70 동업자, 혹은 동맹자를 믿어서는 안 됩니다.
뜻이 같은 사람은 언젠가는 적이 됩니다.

【『삼국지』의 탄생】

『삼국지』에 등장하는 조조, 손권, 유비 등 세 사람은 '황건적(黃巾賊)을 쳐 없애고 백성들에게 평안한 세상을 만들어 주겠다'는 동일한 목표를 가졌습니다. 목표가 같았기 때문에 황건적을 토벌할 때는 서로 돕기도 하고, 만나면 함께 앉아 술도 마셨습니다.

그러나 황건적을 모두 토벌하고 나자 그들은 철천지원수가 되어 싸웠습니다. 세 사람이 모두 '천하의 대권을 쥐어야 한다'는 동일한 목표를 지녔기 때문입니다.

▽ 뜻이 같은 사람은 서로 쉽게 친해질 수 있습니다. 그러나 언젠가는 적이 됩니다. 자신과 뜻이 같은 사람은 눈여겨봐 둘 필요가 있습니다.

▽ 황건적을 쳐 없애고 나면 백성들에게 평안한 세상이 되는지, 무능한 황제와 간신들이 속 편히 살아가게 되는 세상이 되는지, 그들에게 자신이 지닌 야망을 키울 수 있는 기회가 오는지 등을 생각해 볼 필요가 있습니다. (황건적은 백성들이 봉기하여 백성들로 이루어진 집단입니다.)

# 71 만일의 경우를 대비해야 합니다.
## 협상 방안을 준비해 놓고 싸워야 합니다.

【협상은 전쟁(경쟁)의 수단이자 목표】

 히틀러는 제2차 세계대전을 시작하기 전 오스트리아를 합병시키고, 주변 약소국의 영토도 떼어 내 독일에 합병시켰습니다. 그 과정에서 강대국들로부터 비난을 받았지만, 외교적인 협상으로 반발을 무마시켰습니다. 다양한 내용의 카드를 내밀며 국제 정세를 교묘하게 이용한 것입니다.

 그런데 히틀러가 전 세계를 상대로 전쟁을 벌인 후에는 전쟁을 중단하기 위한 협상을 할 수 없었습니다. 미국, 러시아, 영국 등 강대국들을 모두 상대하여 극한 전쟁을 벌였기 때문에, 협상할 대상 혹은 중재에 나서 줄 국가가 없었습니다. 결국 패망할 때까지 전쟁을 계속해야 했습니다.

▽ 장담할 수 없는 것이 전쟁이나 경쟁의 결과입니다. 따라서 자신이 불리해졌을 때 적과 협상할 수 있는 방안을 미리 확보하고 시작해야 합니다. 유리하면 적의 의지가 말살될 때까지 공격하고, 불리하면 그 즉시 협상으로 끝내야 합니다.

## 72 이론과 실제가 일치할지를 확인해야 합니다.
소규모로 미리 해 보아야 합니다.

【3차 중동전쟁】

　수에즈 운하를 봉쇄하여 이스라엘을 고립시키려다가 2차 중동전쟁에서 패한 이집트의 대통령 나세르는 패전으로 추락된 위신을 회복하기 위해 이스라엘을 다시 공격했습니다.

　만반의 준비를 갖춘 나세르는 1967년 6월 5일 이스라엘을 공격했는데(3차 중동전쟁, 일명 6일 전쟁), 이스라엘 공군기의 기습으로 아랍권 전투기들은 이륙도 하지 못하고 활주로 위에서 파괴되었습니다. 게다가 사막전에서 가장 효과적인 무기인 탱크들이 제대로 움직이지 않았습니다. 이스라엘을 공격하기 위해 전선으로 이동하는 과정에서 사막 위를 달렸던 탱크의 엔진 속에 모래가 들어간 것입니다. 이집트는 싸워 보지도 못하고 며칠 만에 휴전에 임할 수밖에 없었습니다. (이스라엘은 탱크의 엔진 속에 모래가 들어갈 것을 예상하고 탱크를 이동시킬 때 차량 위에 얹어 차량으로 이동시켰다고 합니다.)

▽ 실제로 집행하기 전에 미리 소규모로 해 보아야 합니다. 이를 '워 게임(War Game)'이라고 하며, 집행 과정에서 발생 가능한 문제점을 사전에 발견하기 위해 행하는 모의 연습입니다. 필히 거쳐야 하는 과정입니다.

# 73 교만은 자신을 파괴합니다.
강한 적은 교만하게 만들어 주어야 합니다.

【패자(覇者)의 몰락】

오나라 왕 부차는 월나라 왕 구천으로부터 항복받은 후 무서운 것이 없다는 듯 행동했습니다. 사치와 향락에 빠져 국정을 돌보지 않았고, 구천이 보낸 서시의 미모에 빠져 막대한 재정을 들여 서시를 위한 궁전을 지어 주었으며, 간신의 말만 듣고 충신 오자서를 죽였습니다. 그런 부차에게 올바른 이야기를 한다는 것은 자신을 죽여 달라고 사정하는 것과 다름없는 짓이기에, 신하들은 부차를 피했습니다. 교만해진 부차는 결국 구천에게 패한 후 스스로 목숨을 끊었습니다.

▽ 상대방을 몰락시키는 최상의 방법은 상대방이 교만해지도록 유도하는 것입니다. 교만은 모든 재앙의 근원입니다.

▽ 큰 목표를 달성하더라도 항상 초심(初心)이어야 합니다. 성공하고 나면 자신의 마음 다스림을 다음의 새로운 목표로 삼아야 합니다.

# 74 적의 충신이 떠나게 해야 합니다.
고차원적인 이간책을 사용해야 합니다.

【이간책은 적 격파를 위한 최상의 전략】

수백 년 간 지속되어 온 전국시대를 마감시킨 진시황은 이간책의 명수입니다.

외교적인 수완이 뛰어난 위(魏)나라의 신릉군(信陵君)은 위나라 왕의 이복동생이었는데, 진시황은 그를 위나라에서 추방당하게 만들었습니다. 조(趙)나라의 맹장 염파는 쫓겨나게 만들었고, 염파의 후임인 이목(李牧) 장군은 목이 날아가도록 만들었습니다.

진시황은 상대방 국가의 내부에 대해서만 이간책을 쓴 것이 아닙니다. 국가들 간에도 이간책을 썼습니다. 결국 '연횡책'이니, '합종책'이니 하는 유명한 책략들도 '진시황의 이간책' 앞에서는 힘을 쓰지 못했고, 모든 국가들이 뿔뿔이 분열된 후 진시황에게 차례로 격파당했습니다.

적의 내부를 이간시키는 방법은 아래와 같습니다.

1. 적의 왕에게는 작은 선물을 주고, 적의 충신인 신하에게는 큰 선물을 수시로 주며, 그와 같은 사실이 소문나게 만듭니다.
2. 적의 왕과 함께 나타난 적의 충신에게는 온갖 예우를 갖추고, 적의 왕에게는 대접을 소홀히 합니다.

3. 뇌물을 좋아하는 적의 간신들에게 뇌물을 주며, 적의 충신들과 수시로 싸우게 합니다. 그러면서 적의 간신들에게 이쪽의 작은 정보를 주어 적의 왕이 간신들을 믿도록 만듭니다.
4. 적의 비밀을 얻은 후 적의 충신이 주었다고 소문냅니다. 그러면서 적의 충신이 현명하다는 식으로 적의 왕에게 칭찬합니다.
5. 적의 왕이 좋아하는 여자, 혹은 적의 왕 근처에 있는 여자와 적의 충신이 이상한 관계라고 소문냅니다.

이 외에도 많은 방법이 있는데, 삶과 죽음, 흥망이 교차하는 긴박한 상황에서는 누구나 순간적으로 이성을 잃을 수 있고, 또 의심이 의심을 낳으므로 간단한 방법을 사용하더라도 적의 내부를 이간시킬 수 있습니다.

▽ 내부가 분열되면 조직에서 살아남는 방법만 연구해 온 간신들만 살아남고, 조직의 발전을 위해 묵묵히 노력해 온 우직한 충신들은 버티지 못하고 떠나거나 목숨을 잃습니다. 적의 내부를 이간시켜 간신들만 남아 그들이 날뛰도록 만들어야 합니다.

▽ 국가, 조직, 기업의 최대 적은 내분입니다. 내분이 일어나면 우군은 없고 적보다 더 해로운 사람들로 내부가 채워진 것처럼 되어, 상호간에 믿음이 사라지면서 서로가 서로를 의심합니다. 단결될 수 없는 조직이 되어 무너집니다.

# 75 국민들로부터 분리시켜야 합니다.
국민들로부터 지지받지 못하면 버티지 못합니다.

【모택동의 전술】

중국을 완전히 장악하기 전까지 모택동은 적과 싸울 때마다 전력 면에서 열세했습니다. 일본과 전쟁할 때도 그랬고, 중국 본토를 놓고 장개석과 국공내전을 벌일 때도 초창기에는 열세했습니다. 모택동과 동일한 공산주의자인 스탈린도 최초에는 장개석이 중국 대륙을 차지할 것으로 판단하고 장개석을 지원했기 때문에, 모택동은 외부의 지원을 받아 본 적이 없습니다. 전력 면에서 항상 열세였던 모택동은 전쟁 수행 방식을 선택함에 있어 게릴라전 외에 다른 선택의 여지가 없었고, 이에 따라 그는 게릴라전 분야에 최고의 권위자가 되었습니다.

국공내전 당시 장개석 군대는 내부에 부정과 부패가 너무 심해 흔들리고 있었습니다. 장개석을 지원하기 위해 미국이 보낸 물자가 다음 날 아침이면 시중에 나돌고 있거나 모택동이 지휘하는 공산당 군대의 군인들이 지니고 있었습니다.

모택동은 장개석 군대의 기강이 문란한 것을 이용하여 장개석 군을 국민들로부터 격리시키는 작전을 폈습니다. 공산당 군대의 군인들로 하여금 장개석 군의 군복을 입고 야간에 민가에 침입하여 만행을 저지르게 하고, 낮이 되면 공산당 군대의 군복을 입은 다른 군인들이 찾아가 선행을 베풀게 했습니다. 장개석 군대의 기강이 문란했기 때문에, 국민들은 의심하지 않고 장개석 군대를 미워하고 피했습니다.

　모택동의 작전은 성공을 거두어 장개석은 국민들로부터 배척당한 후 대만이라는 작은 섬으로 쫓겨났습니다.


▽ 모택동이 사용한 게릴라 전법은 16개의 한자로 구성되어 있어 16자 전법이라고 합니다.
　敵進我退(적진아퇴): 적이 진격하면 후퇴한다.
　敵據我擾(적거아요): 적이 쉬면 교란시킨다.
　敵疲我打(적피아타): 적이 피로하면 공격한다.
　敵退我追(적퇴아추): 적이 후퇴하면 추격한다.


▽ 장개석이 대만으로 쫓겨난 다음에 가장 먼저 행한 것은 부정과 부패의 척결입니다. 중국 본토를 빼앗긴 원인이 내부의 부정부패 때문이라는 사실을 통감한 것입니다. (장개석은 밀수에 연루되었다는 소문이 돌고 있는 며느리를 찾아가 총알이 장전된 자신의 권총을 건네주고 방문을 닫고 나왔습니다. 본토에서 쫓겨난 화풀이를 겨우 며느리에게 행한 옹졸한 모습으로 보입니다.)

# 76 적의 배후를 차단해야 합니다.
다른 세력이 적을 돕지 못하도록 해야 합니다.

【북베트남이 존속할 수 있었던 배경】

월남전 시 미국은 북베트남 지역에 공중 폭격은 감행했으나, 북베트남 지역에 병력을 투입시키는 상륙작전이나 진공작전은 하지 않았습니다. 북베트남 지역 내에 그런 작전을 감행한다면 북베트남을 점령할 수는 있겠지만, 소련이 그에 대한 보복으로 취약한 우방국을 골라 침공할 우려가 있기 때문입니다. 미국은 자신에게 힘이 없거나 북베트남의 전력이 겁났던 것이 아니라, 북베트남의 배후 세력인 소련이 취할 행동을 우려한 것입니다.

▽ 『36계』의 19번째 계는 '부저추신(釜底抽薪)'입니다. '솥 밑에서 장작을 빼다'라는 의미로, 적의 배후를 적으로부터 떼어 놓아야 한다는 전략입니다.

▽ 적을 도우면 막대한 피해가 발생한다는 사실을 배후 국가의 국민들이 인식하도록 해야 합니다. 수많은 젊은이의 희생, 엄청난 경제적인 손실 등 과장된 내용을 소문으로 만들어 마구 퍼트려야 합니다.

# 77 자신의 배후를 다져 놓아야 합니다.
## 배후가 다져져야 안심하고 전진할 수 있습니다.

【정묘호란(丁卯胡亂, 1627)】

중국 대륙에 청(淸)나라를 세운 만주족(여진족)은 중국 대륙을 점령하여 청나라를 건국하기 전까지 국호를 후금(後金)이라고 했습니다. 과거 칭기즈칸에게 멸망당해 사라진 금(金)나라의 후신이라는 의미입니다.

중국 대륙을 다스리던 명(明)나라는 임진왜란이 발발한 우리나라를 지원하다가 약해졌고, 게다가 반란군인 농민군의 세력이 커지자 흔들렸습니다. 그러자 후금은 눈을 중국 본토로 돌렸는데, 중국 본토로 진출하려니까 배후가 걱정되었습니다. 자신이 중국 본토를 공격하는 도중에 명나라와 친한 우리나라가 자신의 배후를 공격하면 곤란해지기 때문입니다. 따라서 후금은 명나라를 정벌하러 가기 전에 우리나라를 먼저 공격했고, 후금의 공격으로 인조는 강화도로 피난했다가 후금과 형제지국이 되는 조건으로 화약했습니다. 그 사건이 정묘호란입니다.

【불가침 조약】

제2차 세계대전 중 러시아와 일본은 불가침 조약을 맺었습니다. 러시아는 유럽 방면에서 독일과의 전쟁에 전념하기 위해 아시아 방면에서의 안정을 다질 필요가 있었고, 일본은 중국을 점령하고 군사력을 동남아 방향으로 집중시키기 위해 러시아 방면을 안정시킬 필요가 있었습니다.

　1941년 4월에 맺어진 이 조약은 독일이 항복한 후(1945년 5월 7일) 러시아가 일방적으로 파기했습니다. 유럽에서의 전쟁을 끝내고 안정을 찾은 러시아가 일본의 패망이 확실해 보이자 불가침 조약을 일방적으로 파기하고 일본을 공격했습니다.

▽ 조약과 약속은 믿을 것이 못 됩니다. 특히 상대방이 강대국인 경우, 상대방이 일방적으로 파기하더라도 대응책이 없는 것이 현실입니다.

▽ 상대방이 조약을 일방적으로 파기했을 때 자신이 대응할 수 있는 방안을 생각해 보아야 합니다. 어떤 제재를 가할 수 있고, 어떤 절차로 얼마나 보상받을 수 있으며, 보상받더라도 그게 언제쯤 가능할까 등입니다. (강대국의 횡포와 악행이 강도들이 하는 짓과 같음을 알고 있더라도 어쩔 수 없는 것이 현실입니다. 강대국이 조약을 맺자고 하면 거부할 수 없으며, 게다가 그들이 조약을 일방적으로 파기하더라도 강하게 항의할 수도 없습니다. 강대국에 대하여는 상대방이 배신할 경우에 대비한 대처 방안을 암암리에 마련해 놓아야 합니다.)

# 78 잦은 공격은 상대방을 단결하게 만듭니다.
## 평안하게 해주어 자기들끼리 싸우게 해야 합니다.

【함께 있으면 갈등이 생기는 존재】

서로가 멀리 떨어져 있을 때는 그리운 감정에 보고 싶지만, 그리던 사람을 만나서 함께 지내면 곧 갈등을 빚는 존재가 사람입니다. 또 처음에는 서로가 끔찍이 사랑하기에 함께 지내더라도, 외부의 위협이나 어려움 없이 평온한 나날을 지내다 보면 권태가 생겨 다른 이성을 찾는 존재가 사람입니다. 함께 있으면 곧 싫증을 느끼고 헤어지려고 하는 존재가 사람인 것입니다.

▽ 『36계』의 9번째 계는 '격안관화(隔岸觀火)'입니다. '강 건너에서 불구경한다'는 의미로, '적이 내분으로 싸우다가 지쳐 쓰러질 때까지 지켜본다'는 전략입니다.

▽ 잦은 공격은 내부를 단결하게 만들어 줍니다. 위협하지 말고 평안하게 지내도록 내버려 두어야 합니다. (외부에서의 위협이 없으면 내부에서 패를 갈라 싸움을 벌이는 것이 사람이 지닌 특성입니다.)

# 79 적의 내부에 혼란을 유도합니다.
일어설 수 없게 만듭니다.

### 【1차 아편전쟁(阿片戰爭, 1840-1842)】

영국은 19세기 초부터 청나라와 교역하며 비단, 차, 도자기 등을 수입해 갔고, 결재는 주로 다른 식민지에서 획득한 은(銀)으로 해 주었습니다. 그런데 무역 적자가 너무 심했습니다. 청나라에서 생산되는 차(홍차)를 영국인들이 너무 좋아했기 때문입니다.

영국은 무역 적자를 메우기 위한 방편으로 인도에서 생산되는 목화와 아편을 청나라에 팔았는데, 아편의 양이 방대하여 청나라 내부에는 아편 중독자가 늘어났고 은이 귀해졌습니다. 당황한 청나라는 국민들에게 아편을 금지시켰지만, 아편의 밀수를 막을 수 없었습니다. 영국 정부가 뒤에서 계획적으로 개입했고, 단속하는 청나라 관리가 부패했으며, 군인 중에도 아편 중독자가 많았기 때문입니다.

청나라는 임칙서(林則徐)라는 관리를 광동에 파견하여 영국 상인들이 갖고 있던 아편을 압수했는데, 이에 반발한 영국은 적반하장 격으로 군대를 동원하여 청나라를 공격했습니다. 영국에게 패한 청나라는 1842년 8월 29일 남경에서 영국과 조약을 맺고 배상금을 무는 것은 물론, 홍콩을 영국에 할양하고 상해를 포함하여 5개의 항구를 개항하는 등 많은 이익을 빼앗겼습니다. (옆에서 지켜보고 있던 프랑스, 미국 등은 어부지리 격으로 많은 이익을 챙겼습니다.)

▽ 아편전쟁은 영국이 벌인 터무니없는 전쟁이지만, 아편을 팔아 거대한 청나라를 흔든 것은 영국이 추진한 훌륭한 전략입니다.

▽ 적이 스스로 몰락하게 만들어야 합니다. 내부의 갈등 혹은 부정과 부패 등으로 상대방이 자신의 발목을 스스로 묶게 하고, 묶은 줄의 끄트머리 가닥을 상대방으로부터 잽싸게 빼앗은 다음에, 순간적으로 힘껏 잡아당기는 방법을 사용해야 합니다.

▽ 역대 중국의 왕조가 멸망한 속내는 매관매직입니다. 관리를 임용하고 승진시키는 과정에서 관직과 직급을 돈으로 사고팔았기 때문에 내부에 부정과 부패가 만연하여 국가가 힘을 잃고 기운 것입니다. 매관매직은 국가의 기둥뿌리를 갉아먹는 범죄 행위이며, 국가의 부정과 부패를 근절시키려면 매관매직의 범죄를 저지른 자들부터 찾아내어 용서하지 않아야 합니다. (매관매직은 업무 능력이나 실적이 아닌, 돈을 내는 액수를 기준으로 관리를 임용시키거나 승진시키는 행위입니다. 기준이 참으로 황당하며, 결코 용서해서는 안 될 엄청난 범죄 행위입니다.)

# 80 승리의 요건은 기습, 속임수, 주도권입니다.
상대방의 허점을 노려 기습해야 합니다.

【송(宋)나라 왕의 죽음】

춘추시대의 송(宋)나라에 화부독(華父督)이라는 재상이 있었습니다. 화부독은 병권(兵權)을 맡고 있는 재상인 공부(孔父)의 아내를 길에서 보았는데, 그녀의 미모에 반하여 공부의 집을 습격하여 공부를 죽이고 그의 아내를 차지했습니다. 그리고는 '공부가 전쟁을 너무 좋아해서 백성들을 괴롭히고 있기 때문에, 어쩔 수 없이 죽일 수밖에 없었다'라고 공포했습니다.

사건의 전말을 보고받은 왕은 화가 나서 많은 사람들이 듣는 자리에서 "화부독을 죽이겠다"라고 했습니다. '왕이 화부독을 죽이겠다는 말을 했다'는 이야기를 전해 들은 화부독은 이왕 죽을 바에야 미리 손을 쓰겠다는 생각을 하고 왕을 습격하여 죽였습니다. 왕을 시해한 화부독은 그 즉시 제, 진, 정 등 이웃 나라의 왕들에게 뇌물을 듬뿍 보내며 '어쩔 수 없는 상황이었으니까, 한 번만 봐 달라'라고 했습니다. 뇌물을 받은 세 나라의 왕들은 한곳에 모여 회의를 한 후 '화부독은 어쩔 수 없는 상황이었기에 일을 벌인 것이다'라는 결론을 내렸습니다. 그냥 넘어가기로 한 것입니다.

▽ 함부로 위협하지 않아야 합니다. 속된 말로, 짖지 않고 조용히 다가가서 한순간에 급소를 물어 버려야 합니다.

# 81 적의 예봉을 피해야 합니다.
약한 적을 상대해야 합니다.

**【사마중달(司馬仲達, 179-251)의 회피 전략】**

　제갈량의 모습을 본 딴 인형을 보고 사마중달이 깜짝 놀라서 도망하는 장면이 『삼국지』에 묘사되어 있습니다. 그런 사마중달의 행동에 대해 사람들은 비웃기도 합니다. 그런데 '전쟁의 궁극적인 목표는 승리'라는 것을 생각해 볼 필요가 있습니다. 또한 승리를 쟁취하더라도 자신의 피해는 최소여야 합니다.
　제갈량이 사마중달을 공격할 당시, 제갈량은 이미 늙고 병들어 세상을 떠날 때가 가까웠습니다. 제갈량은 자신이 죽기 전에 위나라에 치명타를 입히려고 사마중달에게 싸움을 건 것입니다. 그러나 사마중달은 제갈량의 그런 속셈을 간파하고 회피와 지연작전을 폈습니다. 조금만 더 기다리고 있으면 저승사자가 모시고 갈 사람인데, 그런 사람과 싸워서 이겨 보았자 큰 득이 될 것이 없고, 또, 싸우다가 패하면 곤란해지기 때문에 사마중달이 결전을 피한 것입니다. 사마중달은 겁쟁이거나 비겁한 사람이 아니라, 현명한 사람입니다.

## 【원균(元均, ?-1597) 제독의 패배】

　임진왜란 중 왜(倭)의 수군은 이순신(李舜臣, 1545-1598) 제독의 게릴라식 전법에 시달렸습니다. 이순신 제독은 정공법이 아닌, 왜의 수군이 빈틈을 보이면 그때를 노려 기습하는 전략을 사용했기 때문입니다. 이순신 제독에게 시달리던 왜의 수군은 보복을 위한 결전의 기회를 노렸는데, 이 시기에 이순신 제독의 후임으로 임명되어 조선 수군의 총지휘를 맡은 사람이 원균 제독입니다.
　이순신 제독과는 달리 결전주의자인 원균 제독은 왜의 수군과 결전을 벌이기 위해 모든 함정을 이끌고 왜의 수군을 찾아 항해하다가 밤이 되어 거제도 북쪽에 있는 칠천량이라는 좁은 수로에 함정을 정박시켰습니다. 그런데 그날 밤 왜의 수군이 기습(화공)하여 원균 제독은 거의 모든 함정을 잃고 자신도 전사했습니다.

▽ 강한 적과 결전을 벌이면 승리하더라도 자신의 피해가 커집니다. 특히 단단히 벼르면서 준비하고 있는 적과 전투를 벌이면 피해는 상상외가 됩니다. 이순신 제독처럼 적이 방심하거나 약해진 순간을 노려 기습 공격해야 자신의 피해를 최소화하면서 쉽게 이길 수 있습니다. (소나기는 피해야 한다는 속언은 진리입니다.)

# 82 세(勢)를 모아 여럿이 함께 대항해야 합니다.
기분 나쁜 상대와도 연합해야 합니다.

【유비의 불필요한 의리】

촉나라 황제인 유비는 오나라에 의해 관우를 잃고 또 장비까지 잃자, 의형제들을 잃은 슬픔과 분노로 이성을 상실했습니다. 이성을 상실한 유비는 복수를 위해 전군을 동원하다시피 하여 오나라로 쳐들어갔습니다. 그런데, 유비의 그런 행동은 촉나라의 전략을 기획하는 제갈량의 생각과 다른 것이었습니다.

제갈량은 상대적으로 강한 조조의 위나라를 막기 위해서는 오나라가 존재해야 한다고 판단했습니다. 오나라가 존재하고 있으면 삼국 중 가장 강한 힘을 갖고 있는 위나라는 오나라와 촉나라를 모두 상대해야 합니다. 실상 유비가 오나라를 쳐서 이겨 보았자 촉나라는 전쟁에 패한 황폐한 오나라를 획득할 뿐입니다. 게다가 촉나라도 상당한 피해를 입을 것이므로, 그때 위나라가 공격해 오면 촉나라도 망합니다. 이와 같은 이유로 제갈량은 오나라와는 손을 잡고, 오나라와 함께 강한 위나라에 대항해야 한다고 생각했습니다.

제갈량의 만류를 뿌리치고 오나라를 침공했다가 참패당한 유비는 결국 자신이 죽을 때까지 완전하게 재기하지 못했습니다.

▽ 죽은 사람은 어떤 경우에도 되살아오지 않습니다. 죽은 사람에 대한 복수는 천천히 해도 됩니다.

▽ 상대방이 강하면 그를 괴롭힐 수 있는 세력들을 보존시켜 놓고, 그들과 연합해서 대항해야 합니다. 강한 적 앞에서 약자들끼리 싸우면 그중 승자도 곧 강한 적에 의해 멸망당합니다.

▽ 수사자가 상대방을 물리치고 암사자의 무리를 지배하면, 앞서 지배하던 수사자의 새끼들을 찾아서 모두 물어 죽입니다. 이때 젖을 떼지 못한 어린 새끼 사자들만 죽입니다. 젖을 물리고 있는 암사자는 생리적으로 임신이 안 되기 때문에, 젖을 떼게 하여 자신의 새끼를 빨리 임신시키기 위함입니다. 젖을 뗀 새끼 사자는 앞서 지배하던 수사자가 낳은 새끼일지라도 죽이지 않습니다. 남이 낳은 새끼라서 눈에 거슬리지만, 사냥감을 잡아오고 또 무리의 세를 형성하는 데 써먹기 위함입니다. (짐승도 이용의 대상은 죽이지 않고 살려 두는 지혜를 갖고 있습니다.)

# 83 이길 사람처럼 보여야 합니다.
획득물은 나누어 주어야 뒤탈이 없습니다.

【청일전쟁 시 일본의 계산】

유럽의 열강들은 두 번에 걸친 아편전쟁에서 패한 청나라에게 거의 매일 협상하자고 졸랐습니다. 이권을 얻어 내기 위함입니다.

이와 같은 상황을 지켜보던 일본은, 만일 청나라와 전쟁하면서 청나라에게 주도권을 빼앗기면 자기가 삽시간에 망할 것이라고 판단했습니다. 일본이 패할 것처럼 보이면 이익이 많은 청나라에게 잘 보이기 위해 열강들이 청나라와 연합하여 일본을 공격할 것이기 때문입니다. 이처럼 판단한 일본은 청나라와의 전쟁을 속전속결로 끝내기 위한 계획을 세우고, 전쟁이 임박하자 '일본이 청나라에 이겨야 열강들이 청나라로부터 더 많은 이익을 빼낼 수 있다'라고 선전했습니다. 또한 전쟁을 시작하자마자 해군을 동원하여 기동성 있게 공격하는 한편, 100만 명의 일본 육군이 상해에 상륙했다는 등 허위 사실을 유포시켰습니다. 유포된 허위 사실에 놀란 청나라는 항복했고, 청나라의 국력은 날로 쇠약해져 갔습니다.

열강들은 청나라가 일본에 패하여 쇠약해지는 바람에 더 많은 이권을 쉽게 챙길 수 있어서 일본에 대해 아무런 간섭도 하지 않았습니다.

▽ 『36계』의 29번째 계는 '수상개화(樹上開花)'입니다. '나무에 꽃을 피운다'는 의미로, '그럴듯하게 보인다'는 전략입니다.

전쟁할 때는 주도권을 잡는 동시에 자신이 필히 이길 사람처럼 보여야 합니다. 그렇지 않고 패할 사람처럼 보이면 그동안 돕던 사람들까지 모두 등을 돌립니다. (회사가 망한다는 소문이 돌면 투자자들이 한꺼번에 몰려와 돈을 빼 가는 바람에 잘나가던 회사가 망해서 문을 닫기도 합니다. 외형적인 모습과 함께, 소문이 중요합니다.)

▽ '적이 망해야 다른 사람에게 수많은 이익이 돌아간다'라고 소문내야 합니다. 게다가 그동안 적이 저질렀던 비리, 특히 약자의 재물을 갈취해 간 행위, 동업자를 배신했던 행위 등 비인간적인 내용의 소문을 만들어 유포시켜야 합니다. 배우자가 있는 사람과 비윤리적인 짓을 공공연히 저지르고 있다는 식의 소문도 필요합니다.

위와 같은 종류의 소문이 뒤섞여서 어우러져 돌아다니면 제아무리 강대한 존재일지라도 버텨 내지 못합니다. (이익과 대의명분, 의리와 배신, 이성 관계에 대한 질투심 등이 어우러지면 자신과 이해관계가 전혀 없는 사람까지도 공연히 나서서 공격 대열에 합류하기 때문에 그 누구도 버텨 내지 못합니다.)

# 84 서서히 흡수해야 합니다.
각본을 만들고 거기에 맞추어야 합니다.

【열강의 식민지 확보 방법】

 서구의 열강들이 식민지를 확보하고자 경쟁하던 시대에는 열강들이 사용하는 시나리오가 있었습니다.
 새로운 육지를 발견하면 군함을 해안에 정박시켜 놓고 원주민을 불러 그들에게 좋은 물건들을 꺼내 보입니다. 그다음, 원주민 중에 높은 사람을 배에 초청하여 맛있는 식사를 대접한 후 선물을 주고 함포 사격을 구경시켜 줍니다. 자신의 우월함을 보여 주는 한편, 겁을 주는 것입니다. 그다음, 원주민을 위해 선교사를 파견합니다. 선교사를 파견하면 그들과 친해지는 원주민도 있지만, 선교사를 해치는 사람이 나오기 마련입니다.
 파견한 선교사 중에 희생자가 발생하면 이를 엄중히 항의하고, 거기에 거주하고 있는 선교사와 자국 국민을 보호한다는 구실로 군인을 주둔시킵니다. 군인이 주둔하고 나면 거기서 벌어지는 일은 눈으로 직접 확인하지 않아도 뻔합니다.

▽ 항상 해 온 일이고 또 쉬운 일일지라도 시나리오를 만들어야 합니다. 만들어진 시나리오에 더하여 임기응변이 가감되어야 합니다. 시나리오 없이 임기응변만으로는 한계를 맞게 됩니다.

# 85 공격적이어야 합니다.
## 기세(氣勢)와 순발력을 유지해야 합니다.

【오기(吳起)의 전략 사상】

이순신 제독은 부하들을 독려하기 위해 '必死則生 必生則死(필사즉생 필생즉사)', 즉 죽기를 각오하고 싸우면 살 것이고, 살기를 각오하면 죽을 것이라는 말을 했는데, 그와 유사한 글은 이순신 제독이 생존하기 1,900여 년 전에 만들어진 오기의 『오자병법』에 기술되어 있습니다. 『오자병법』은 '必死則生 幸生則死(필사즉생 행생즉사)'라고 표현했습니다. 죽기를 각오하고 싸우면 살 것이고, 요행을 바라며 살려고 하면 죽게 될 것이라는 의미입니다. (『난중일기』에 기술된 이순신 제독의 통솔 방법은 오기와 비슷한 면을 보입니다. 부하들을 아끼기도 했지만, 적 앞에서 도망하는 부하는 용서 없이 처형했습니다.)

오기의 언행을 기술해 놓은 『오자병법』에는 공격적인 사상이 충만되어 있습니다. 공격 없이는 승리도 없다는 것이 그의 지론입니다. 실제로 공격 없이 방어만으로는 승리를 쟁취할 수 없습니다. 승리를 위해서는 강력한 공격력이 필수입니다. 공격력을 키워야 합니다.

## 제 8 장

# 목표 달성 후의 전략을 세워야 합니다

떠나야 할 때를 알아서

스스로 물러나야 합니다.

# 86 편하게 내버려 두면 안 됩니다.
## 지속적인 목표 제시가 필수입니다.

【로마 제국의 쇠락】

로마 제국이 사라진 근본 원인은 적이 없어졌기 때문입니다.

로마는 주위를 모두 정복해서 식민지로 만들었기 때문에, 걱정이 없는 국가가 되었습니다. 게다가 각지에서 몰려드는 노예들과 풍부한 물자는 국민들로 하여금 사치와 향락에 빠져들게 만들었습니다. 온갖 퇴폐 행위도 벌어졌습니다. 힘든 일과 위험한 일은 노예들에게 시키고, 자신들은 즐기는 데 몰두한 것입니다. 국가 방위도 동양계인 훈족에게 밀려 로마로 물밀듯이 쫓겨 들어온 게르만족에게 맡겼습니다. 군대까지 이민족에게 맡겼던 그들이 쇠약해진 후 사라진 것은 당연한 결과였습니다.

▽ 패자(覇者)가 되면 외부로부터의 위협이 사라지기 때문에 목표다운 목표를 찾을 수 없게 됩니다. 결과적으로 모두가 사치와 향락에 빠져들거나, 내부에서의 영역 싸움에 관심을 갖고 거기에 집중합니다. 몰락의 길을 걷는 것입니다.

▽ '행복은 현실을 만족하는 데 있다'라고 하지만, 그런 식의 행복은 곤란합니다. 만족하면 안주하고, 안주하다 보면 게을러지고, 게을러지다 보면 퇴보 후 추락합니다.
작은 것일지라도 계속해서 나름의 목표를 세우고, 자기가 설정한 목표를 달성할 때마다 느껴지는 만족감에서 행복을 찾아야 합니다.

▽ 한비자의 '망징(亡徵)'에는 나라가 망할 징조들이 나열되어 있는데, 대부분이 통치자(집단의 지휘자)가 자신의 지위에 만족해하면서 구성원들에게 더 이상의 목표를 제시하지 않고 그들과 함께 어울려 게을러지는 현상입니다.

▽ 전설적인 군대인 로마군이 어떤 이유로, 어떻게 사라졌는지에 대하여는 특별한 기록이 없습니다. 각지에 배치되어 있다가 현지화되어 사라졌을 것이라는 추측이 주된 의견입니다. 적이 없는 상태가 지속되니까 중앙에서의 통제와 군수 지원이 끊어졌습니다. 그렇게 되니까 각지에 주둔하고 있던 군대 조직이 와해되어 병사들이 토착화하고 흐지부지 사라졌다는 것입니다. 또 한 가지 이론은, 로마인들은 편히 살려고 했기 때문에 힘든 일인 군의 임무는 로마로 유입된 이민족에게 맡겼다는 것입니다. 그 때문에 로마인으로 구성된 원조 로마군이 사라졌다는 것입니다. 명확한 사실은, 적에게 패하여 사라진 것이 아니라는 것입니다.

# 87 후계자를 미리 정해 놓아야 합니다.
후계 싸움이 있으면 내부가 분열됩니다.

【후계자를 정해 놓지 않은 경우】

칭기즈칸은 자신이 죽을 때까지 후계자를 정해 놓지 않았습니다. 후계자에 대한 평소의 언급은 '몽골 민족은 숫자가 너무 적은 소수 민족이므로, 주위에 있는 수많은 이민족들을 통제하려면 현명한 자를 선택하여 민족의 지도자로 선발해야 한다. 나의 핏줄이 아니더라도 현명한 자를 부족장 회의에서 뽑아 지도자로 결정하도록 하라'는 말뿐입니다.

문제는, 부족장들이 칭기즈칸의 카리스마를 넘을 수 없었다는 것입니다. 따라서 칭기즈칸의 핏줄 중에서 능력 있고 현명한 사람을 골라서 몽골의 지도자로 뽑았습니다. 그런데, 그렇게 하다 보니까 후대에 이르러서는 황위 쟁탈을 위한 내분이 심했습니다. 능력이 있다고 자만한 칭기즈칸의 핏줄과 그를 추종하는 세력이 끊임없이 나타나 쿠데타를 일으켜 황제를 내쫓고 자기가 황제의 자리에 앉은 것입니다. 명나라에 의해 몽골 지역으로 쫓겨난 북원(北元)시대에는 황제가 너무 자주 바뀌었고, 이로 인한 혼란으로 국력이 기울어 만주족인 청나라에게 멸망당했습니다.

마호메트에게는 세 명의 아들이 있었지만 모두 일찍이 죽었고, 딸들과 사위는 살아 있었습니다. 그런 마호메트는 자신의 후계자에 대한 이야기를 평소에 하지 않았습니다. 신으로부터 명받은 종교의 창시자이기 때문에 신의 명령이 아닌, 자신의 입으로 자신의 후계자를 지명하는 것은 차마 할 수 없는 입장이었을 것입니다.

마호메트가 죽자, 이슬람은 후계자 문제로 분열되었습니다. 네 명의 칼리프(이슬람 공동체 수장)가 합법적인 후계자라고 인정한 파는 수니파이며, 이슬람의 90% 정도를 차지하고 있습니다. 마호메트의 사위인 알리와 그의 후손을 이슬람의 지도자로 인정하는 파는 시아파이며 이란과 이라크에 존재하고 있습니다.

이슬람의 대표 격인 두 파는 끊임없이 갈등하고 있습니다. 시아파의 지도자인 알리와 그의 후손이 살해당하는 일이 발생하자 그 책임이 수니파에 있다고 믿는 시아파와, 자신들에게는 책임이 없다고 하는 수니파 간의 갈등입니다.

▽ 후계자 선발에 대한 기준과, 그에 따른 후계자 임명은 현 지도자가 힘이 있을 때 명확하게 해 놓아야 합니다. 느긋하게 있다가 현재의 지도자가 너무 늙거나 힘이 빠진 후에 하려고 하면 감히 반발하는 자가 생기고, 이로 인해 내분이 발생합니다.

# 88 약자와 직접 상대하면 안 됩니다.
상대하면 약자를 강자로 키워 주게 됩니다.

【이이제이(以夷制夷)】

중국을 통일한 황제들은 주변의 오랑캐들을 정벌했습니다. 오랑캐들에게 도전하지 말라는 경고도 할 겸, 불필요해진 군인들이 오랑캐 정벌 도중에 오랑캐들과 싸우다가 함께 죽어 주면 더없이 고마운 일이기 때문입니다.

오랑캐들을 정벌한 다음에는 그들을 적당히 구슬렸습니다. 조금 강한 자에게는 후궁이 낳은 딸을 보내어 결혼시키고, 조공을 들고 오는 자가 있으면 그가 들고 온 조공보다 더 큰 선물을 줘여 주었습니다.

그렇게 구슬려도 말썽 부리는 오랑캐가 있으면 자신이 직접 군사를 일으키지 않고 그 주변에 있는 다른 오랑캐들에게 연락하여 군대를 징발시켰습니다. 오랑캐들끼리 해결하도록 하는 것입니다. 만일 이처럼 오랑캐들끼리 해결하게 하지 않고 황제가 직접 대규모 군사를 일으키면 골치 아픈 문제가 발생할 수 있습니다. 위협을 느낀 오랑캐들끼리 단결하여 황제와 대등한 능력을 지닌 세력으로 커질 수 있는 것입니다. 또한 오랑캐를 진압하기 위해 선발한 장수가 오랑캐를 진압한 후에 무장을 해제하지 않고 대권에까지 도전하려는 겁 없는 짓을 할 수 있습니다. 따라서 황제들은 오랑캐와 관련해서 자신이 직접 군사를 일으키는 경우는 가급적 피했습니다. (중국 역사상 가장 유명한 장수인 곽거병은 오랑캐를 정벌한 후 의문사했는데, 그의 죽음은 그를 끔찍이 아끼고 기용한 한 무제에게 책임이 있지 않는가 하는 개인적인 의혹이 입니다.)

## 【이스라엘에게 주어진 기회】

이스라엘은 석유도 나오지 않는 데다가 땅이 척박한 나라입니다. 가만히 내버려 두면 좁은 영토 내에서 약소국으로 근근이 연명해 갈 환경입니다. 그런 이스라엘에 대해 아랍 국가들은 4차에 걸쳐 큰 전쟁을 벌여 이스라엘을 강하게 만들어 주었습니다. 민족이 단결하는 계기를 만들어 주었고, 전쟁술을 익히게 해 주었으며, 세계 각국의 사람이 관심을 갖고 지켜보게 만들었습니다. 그뿐이 아닙니다. 4차에 걸친 전쟁을 통하여 이스라엘이 획득한 영토는 엄청납니다. 시나이 반도와 전략 요충지인 골란고원 등을 점령하여 영토가 2배로 늘어났습니다. 이스라엘은 자신을 공격한 주변의 아랍 국가들 덕분에 강해졌습니다.

▽ 형제가 많은 집안에서 자란 아이는 영악한 경우가 많습니다. 또, 부부가 결혼해서 함께 오래 살다 보면 결국에는 연약한 여자가 주도권을 잡기도 합니다. 강자로부터 시달리는 약자는 강해지는데, 시달리면서 방어와 공격의 기술을 습득하기 때문입니다. 따라서 약자를 함부로 손대면 안 됩니다. 내버려 두면 그만인 것을, 손을 봐 주려다가 키워 주는 불상사가 발생할 수 있습니다.

# 89 도전하는 자는 끝까지 혼내 주어야 합니다.
일단 손을 댄 자는 끝장을 내야 합니다.

【칭기즈칸이 보여 준 진리】

칭기즈칸은 자신이 보낸 사신에게 모욕적인 행위를 가한 호라즘 제국을 정벌하러 가기 전에 '아무리 먼 곳일지라도, 아무리 깊은 곳일지라도'라는 말로 다짐했습니다. 끝까지 쫓아가서 철저하게 응징하겠다는 것이며, 실제로 그렇게 했습니다.

호라즘 제국 외에, 칭기즈칸은 자신에게 항복하지 않고 저항하거나 도전하는 적에 대하여는 결코 인정을 두지 않았습니다. 그로 인해 몇 개의 종족이 이 지구상에서 사라졌습니다.

칭기즈칸처럼 너무 무자비하면 곤란하지만, 여하튼 저항하거나 도전하는 자에 대하여는 주모자는 물론, 주모자를 꼬인 자와 추종자까지 모두 찾아내어 제거해야 합니다. 잔뿌리까지 완전히 뽑아 없애야 하며, 그렇게 해야 이를 지켜보고 있는 다른 자들도 엄두를 내지 못합니다.

# 90 내부를 긴장시켜야 합니다.
긴장이 풀어지면 몰락합니다.

【오징어 운반】

오징어는 살아 있는 상태와 죽은 상태에 따라 가격의 차이가 매우 큽니다. 그런데, 살아 있는 오징어를 현지에서 대도시까지 대량으로 운반해 오면 그중에 상당수가 죽어 버립니다.

그래서 살아 있는 오징어를 대량으로 운반해 오는 사람이 생각해 낸 방법은, 어항 안에 오징어만 싣고 오는 것이 아니라 작은 상어를 함께 넣어 오는 것입니다. 혹은 오징어를 위협하는 것처럼 보이는 물체를 함께 넣어 오는 것입니다. 그렇게 하면 오징어들이 긴장하여 죽지 않기 때문입니다.

▽ 사람도 위와 마찬가지입니다. 긴장이 풀어지면 사고를 내거나 엉뚱한 짓을 저지릅니다. 할 일이 없는 사람에게는 땅이라도 팠다가 다시 묻도록 시켜야 합니다. 혹은, 가상의 적을 만들어 긴장시키거나, 복잡한 일정과 까다로운 규정을 만들어 이를 지키게 하여 잡생각을 하지 않고 집중하게 만들어야 합니다. 가만히 앉아 쉬게 하는 것은 지휘통솔 방법 중 가장 나쁜 방법입니다.

# 91   홀로 행사해야 할 권한이 있습니다.
   남에게 위임해서는 안 될 권한입니다.

◆ 인사권(상벌권 포함)

　인재의 등용, 보직, 상과 벌, 승진과 좌천, 콩고물이 많이 떨어지는 각종 행사의 집행 등은 인사권에 포함됩니다. 따라서 인사권은 조직의 실질적인 운영권입니다.
　만일 인사권을 위임시켜 주거나 빌려주면, 위임받은 사람이 지휘자에게 도전할 수 있는 힘을 키울 수 있습니다. 구성원들은 인사권을 위임받은 자의 눈치를 살피며 그에게 잘 보이려고 할 것이고, 위임받은 자는 쥐고 있는 권한을 이용하여 자신이 원하는 방향으로 구성원들을 움직일 것이기 때문입니다.『한비자』에 기술된 예를 보면, 인사권 중에 상을 주는 권리만 위임시켰거나, 벌을 주는 권리만 위임시켜 주었는데도 위임받은 자들이 각기 반란을 성공시켜 왕의 자리를 탈취했습니다.
　인사에 관련된 권한은 그 어떤 권한도 남에게 위임해 주거나 빌려주면 안 됩니다.

◆ 재정(물자) 운영권

　재정(물자)을 운영하는 권한은 매우 중요한 권한입니다.

역사적인 예를 보면, 항우가 패한 결정적인 원인은 유방에게 곡창을 습격받아 식량이 떨어지자 배가 고파진 병사들이 주위에서 유방의 부하들이 불러 대는 고향의 노랫소리에 마음이 약해져 도주해 버렸기 때문입니다. 제갈량이 전술상으로 수많은 성공을 거두었음에도 불구하고 결정적인 승리를 쟁취할 때까지 계속 싸우지 못한 이유는 척박한 촉나라에서 군수를 제대로 조달받지 못했기 때문입니다. 히틀러가 갑자기 러시아를 침공한 이유는 공산주의의 팽창이 나치즘을 파고든 원인도 있지만, 군수를 위한 자원 조달이 여의치 않자 자원의 보고인 우크라이나를 점령할 필요가 있어서입니다. (히틀러의 결정적인 패인은 광대한 영토를 지닌 러시아에 대한 침공이었으나, 군수에 쪼들리던 히틀러로서는 선택의 여지가 없어서 우크라이나 등 러시아 방면까지 전선을 확대했습니다.)

칭기즈칸의 군대가 강했던 이유는 기동력과 함께 병사들 개개인이 식량을 말 위에 충분히 싣고 다녔기 때문입니다. 식량 걱정을 하지 않은 군대입니다. 문화 면에서 열등한 몽고족이 다른 문명국가들을 지배하며 원나라를 유지시킬 수 있었던 이유는 실크로드 통행을 보장해 주고 대상(隊商)을 통한 자유 무역을 장려했기 때문입니다. 경제가 발전하여 생활이 편리해지고 사람들의 관심이 돈에 쏠리자, 몽고족의 지배에 대한 반발이 사그라든 것입니다.

국가뿐만 아니라, 개인에게 있어서도 현찰과 물자는 최대의 관심사입니다. 따라서 현찰과 물자에 관련된 권한은 다른 사람에게 위임해 주면 안 됩니다. 만일 위임해 주면 그가 마음먹기에 따라 재물을 이용하여 권위에 도전할 수 있는 능력을 갖춥니다.

▽ 재정(물자)에 관한 권한은 자기가 그만두거나 죽는 그 순간까지 필히 자신이 직접 쥐고 행사해야 합니다. 혈육인 친자식도 믿어서는 안 되는 것이 재물과 관련된 사항입니다.

◆ 병권(兵權, 실무자에 대한 지휘권)

병권은 통치자가 홀로 지녀야 하는 권한이고, 전쟁터로 출정하는 군 지휘관에게는 일부만을 위임시켜 주며, 군 지휘관에게 위임시켜 준 부분은 통치자도 함부로 간섭하지 못하는 권한입니다. 매우 독특한 권한입니다.

따라서 병권을 위임시킬 때는 위임받는 자의 가족을 인질로 잡아 놓던가, 언제든지 그를 굴복시킬 수 있는 약점을 잡아 놓아야 합니다. 또한 그가 임무를 끝내고 국경을 넘어오는 순간, 병권을 반납하고 부하들을 해산시킨 후 혼자 서울로 돌아오도록 해야 합니다. 인질로 잡아 놓은 그의 가족들은 임무를 마친 그가 홀로 서울로 돌아올 때까지 통치자의 곁에 머물러 있도록 해야 합니다.

▽ 이성계가 조선을 세울 수 있었던 것은 병권을 반납하지 않고 개성까지 부하 군사들을 몰고 왔기 때문입니다.

▽ 중간 지휘자의 실무자에 대한 명령 권한을 최소로 설정하여 중간 지휘자의 조직 장악력을 최소화시켜야 합니다.

◆ **조직 편성권**

어떤 미국인이 뉴욕시 공무원을 비판하는 기사를 신문에 올렸습니다. 뉴욕시에 근무하는 공무원의 숫자는 전 세계를 정복한 칭기즈칸의 군사보다 훨씬 더 많은 숫자이면서도, 조그만 뉴욕시 하나도 제대로 통제하지 못한다는 내용입니다. (칭기즈칸의 군사는 최대 20만 명 이내입니다. 참고로, 알렉산더 대왕의 군사는 4만 명 정도입니다. 4만 명이 마케도니아를 출발하여 페르시아와 이집트를 정복하고, 인도의 일부 지역까지 점령했습니다.)

조직의 편성에 관한 이야기를 할 때 흔히 하는 비유는 '스노우 볼(Snow ball)' 혹은 '젊은 남자의 생식기'입니다. 굴리면 굴릴수록 커지고, 만지면 만질수록 커지는 것이 조직이라는 것입니다. 실상 자신이 속해 있는 조직을 확장시키기 위해 노력하는 것은 어떤 조직이나 마찬가지입니다. 조직이 커져야 높은 자리가 늘어나서 구성원들이 승진하기가 쉽기 때문입니다. 따라서 조직을 확장시키기 위해 필사적으로 노력하는 것이 조직 편성 실무자의 실제 업무입니다. 굴리고 만지면서 키우려는 것입니다.

조직이 불필요하게 확장되어 높은 자리가 많이 늘어나고, 또 그렇게 되어 많은 사람이 할 일이 없어 놀면서 보수를 받더라도, 그들에게 지급되는 급여는 조직을 확장시켜 놓은 사람이 자기 개인의 돈으로 지급하는 것이 아닙니다. 공금에서 나갑니다. 이에 조직을 편성하는 사람은 얼마든지 조직을 늘려 가며 인심 쓰면서 자신의 힘을 키울 수 있습니다.

따라서 조직 편성권을 특정인에게 위임하면 또 하나의 통제하기 어려운 사람을 만드는 결과가 발생합니다.


◆ **외교권(대외 교섭권)**


　외국과의 조약, 협상, 국내에 거주하는 외국인 문제, 외국에 거주하고 있는 자국민 문제, 외국과의 군사 협조, 영토의 확정, 전쟁의 선포, 전쟁의 종결 등 외교 분야는 국가(조직)의 생존과 관련된 중요한 분야입니다.

　외교는 국가 혹은 조직의 생존과 관련된 분야이기 때문에, 일부의 권한도 위임하면 안 됩니다. 외교와 관련된 권한은 통치자 혹은 지휘자가 혼자 지녀야 하며, 중요한 외교 행위에 대한 결정은 국민 혹은 구성원이 모두 참여하는 형식을 취해야 합니다. (통치자가 아닌 사람, 혹은 지휘자가 아닌 사람이 권한을 위임받지 않은 상태에서 외부와 협상하거나, 계약을 맺거나, 국가(조직)의 입장을 공식적으로 발언하면 그것은 반역 행위입니다.)


▽ 지휘는 지휘자 고유의 권한을 구성원들에게 넘겨주어 그들의 힘을 키워 주는 것이 아닙니다. 모두가 자신의 위치를 고수하면서 각자가 보유하고 있는 능력을 최대로 발휘하여 조직의 목표 달성에 이바지하게 만드는 것이 지휘입니다.

# 92 인재를 키워서 쓰면 안 됩니다.
## 적합한 능력을 지닌 사람을 찾아서 써야 합니다.

【도요토미 히데요시(豊臣秀吉, 1536-1598)】

　임진왜란(1592-1598)을 일으킨 도요토미 히데요시의 전직은 떠돌이 바늘 장수입니다. 도요토미 히데요시는 우연한 기회에 귀족인 오다 노부나가의 눈에 들어 그의 몸종이 되었는데, 노부나가를 모시게 되자 그림자처럼 그를 따라다녔습니다. 겨울에 노부나가가 다른 곳을 방문하면, 히데요시는 밖에서 노부나가의 신발을 품 안에 넣고 기다렸습니다. 노부나가가 항시 따뜻한 신발을 신을 수 있도록 하기 위해서입니다.
　히데요시의 충성심을 기특하게 생각한 노부나가가 그에게 군수를 담당시켰는데, 그는 글도 모르면서 계산을 정확히 하여 노부가나가 군수에 대한 걱정을 하지 않도록 했습니다. 노부나가로부터 신임을 얻은 히데요시는 노부나가의 오른팔이 되었고, 노부나가가 반란 세력에 의해 죽자 노부나가의 자리를 물려받은 후 분열 중이던 일본을 통일시켰습니다. 귀족 출신이 아닌, 떠돌이 바늘 장수 출신인 천민이 일본을 통일시키고 권력을 잡은 것입니다.

　노부나가가 평범한 사람이었다면 히데요시를 키우지 않았을 것입니다. 귀족은 자신의 후계자를 귀족들 중에서 선발하는 것이 당시의 관습이기 때문입니다. 천민 출신으로 일본의 1인자가 되어 일본을 통일시킨 히데요시도 대단한 사람이지만, 천민 출신 중에서 뛰어난 인재를 식별해 낸 안목을 지니고 또 그를 키운 노부나가는 참으로 대단한 사람입니다.

▽ 오다 노부나가가 도요토미 히데요시를 발굴하지 못했다면 일본은 지금만큼 선진국이 되지 못했을 것입니다. 일본은 통일되지 못한 분리된 상태로 지내면서 혼란을 거듭하고 있거나, 통일이 늦어졌을 것이기 때문입니다. 만일 그렇게 되었다면 우리나라를 침략한 임진왜란이 발발하지 않았을 것이고, 우리가 한일합방과 같은 치욕스러운 일도 당하지 않았을 것이며, 명나라가 조선을 돕다가 국운이 기울어 망하는 일이 발생하지 않아 세계의 역사가 지금과는 많이 달라졌을 것입니다.

▽ 가난한 집안에서 태어나 미국의 대통령이 되어 미국을 통일시킨 링컨 대통령을 미국 사람들은 모두가 존경한다고 하는데, 일본 사람들은 천민 출신에서 성공하여 일본을 통일시키고 최고의 권력자로 군림한 도요토미 히데요시를 존경한다고 합니다.

▽ 노부나가의 후임자가 된 히데요시는 노부나가가 죽게 된 반란 사건을 뒤에서 조종했다는 의심을 받고 있습니다. 그러나 그에 대한 진실은 히데요시와 당시 반란을 일으켜 노부나가를 시해한 사람만이 알고 있습니다.

# 93 약자의 영역을 보장해 주어야 합니다.
약자의 밥그릇을 빼앗으면 안 됩니다.

【개가 주인을 무는 경우】

개는 충직하기 때문에 주인을 물지 않는 것으로 알려져 있습니다. 그러나 개도 주인을 무는 경우가 있습니다. 미쳤을 때와, 먹고 있는 도중에 주인이 밥그릇을 빼앗을 때는 주인을 뭅니다. 물론 먹고 있는 밥그릇을 빼앗길 때는 빼앗는 사람이 주인이라는 생각을 미처 하지 못하고 본능적으로 무는 것이지만, 주인이 물리는 것은 개가 미쳤을 경우와 동일합니다.

사람은 먹어야 살 수 있으며, 어떤 사람은 자신이 홀로 벌어 여러 식구들을 먹여 살립니다. 따라서 자신의 생계가 끊어지면 자기 자신은 물론, 많은 가족이 굶게 됩니다. 생계에 관한 한 물불을 가릴 수 없음은 사람이라면 모두가 마찬가지입니다.

▽ 조선시대 말기에 발생한 임오군란(壬午軍亂, 1882)은 조선의 군인들이 왕궁까지 쳐들어간 사건입니다. 당시의 조선 군인은 신식(서양식)군인과 구식(재래식)군인으로 나뉘어 있었는데, 구식군인은 신식군인에 비해 여러 면에서 차별받았습니다. 그런 상황에서 모래가 섞인 군량미가 구식군인들에게 지급되자, 이에 분노한 구식군인들이 폭동을

일으켜 왕궁까지 쳐들어갔다가 진압되었습니다. 참으로 황당한 사건입니다.

▽ 프랑스대혁명과 러시아의 붉은 혁명(1917)이 일어난 발단은 국민들이 굶주림에 시달렸기 때문입니다. 굶주림에 시달린 국민들이 굶주림을 해결하기 위해 일으킨 폭동이 혁명이 되어 국가의 지도자와 그의 가족들을 처형시키는 결과를 낳았고, 인권을 쟁취한 혁명이 되거나 프롤레타리아혁명이 되어 역사의 흐름을 바꾸어 놓았습니다.

▽ 약자들에게는 나름대로 즐겁게 살아갈 수 있는 영역을 마련해 주어야 합니다. 또한 강자가 그 영역을 침범하지 않아야 합니다. 이처럼 하지 않고 강자가 약자들의 영역을 흔들어대면 그들이 반발합니다. 약자들은 가진 것이 없기 때문에 잃을 것도 별로 없어서, 분노가 폭발하면 물불을 가리지 않는 특성을 지녔습니다. 게다가 그들은 숫자가 많기 때문에 그들이 반발하면 대형 사고가 발생합니다.

# 94 안주하려고 하면 안 됩니다.
## 목표를 달성하고 나면 떠나야 합니다.

【개국 공신들의 최후】

과거 중국의 개국 공신들은 거의 모두 목숨을 잃었습니다.

새로운 국가를 건국한 황제의 입장에서 볼 때, 개국 공신들은 성품이 사납고 머리가 좋은 사람들이어서 적을 물리쳐야 할 때는 꼭 필요한 인재들이었습니다. 그러나 적을 모두 물리치고 나라를 세운 후에는 자신의 자리를 빼앗을 능력이 있는 위험한 존재들일 뿐입니다. 따라서 스스로 물러나 은둔하여 눈에 뜨이지 않는 자들을 제외하고, 눌어붙어서 과거의 공을 내세우며 대우를 바라는 공신들은 빌미를 잡아 모두 처형했습니다. 공을 세운 공신들이 목숨을 부지하려면 스스로 물러나서 조용히 살아가야 했습니다.

세상이 바뀌었지만, 요즘도 과거와 마찬가지입니다. 공을 세운 후에는 물러나야 합니다. 칭찬의 감정보다 시기와 질투의 악감정이 더 많이 들어있고, 또 자신도 기회를 갖기 위해 차례를 기다리고 있으니 비켜달라는 강요의 의미가 강하게 들어 있는 박수 소리가 높을 때, 박수 소리에 담긴 의미를 이해하고 스스로 물러날 줄 알아야 합니다.

▽ 『도덕경』 9장에는 '功遂身退天之道(공수신퇴천지도)'라고 했습니다. 공을 이루었으면 물러나야 한다는 의미입니다.

# 95 남이 알아줄 필요가 있을까 하는 의문입니다.
모든 것은 시간 속으로 사라지기 때문입니다.

【묵자가 받은 대우】

묵자가 송(宋)나라에서 일하고 있는데 이웃의 초(楚)나라가 송나라를 공격하려 한다는 소문이 돌았습니다. 묵자는 급히 초나라로 가서 초나라 왕을 만나고, 만일 송나라를 공격한다면 자신과 자신의 동료들이 송나라를 방어할 것이며, 승산이 없는 전쟁이 될 것이라고 했습니다. 묵자의 이야기를 들은 초나라 왕은 송나라에 대한 공격 계획을 접었습니다.

전쟁을 막은 묵자가 국경을 넘어 송나라로 돌아왔는데 날이 저물고 비가 왔습니다. 이에 묵자는 송나라의 성벽 밑에서 비를 피하려고 했습니다. 그런데 성을 경비하던 송나라 병사들이 성벽 밑에 머물며 비를 피하던 사람들을 모두 쫓아내어, 묵자도 성벽 밑에서 쫓겨나 노천에서 밤새워 비를 맞은 후 병이 들어 오랫동안 고생했습니다. 국경에 배치되어 초나라가 공격해 오면 제일 먼저 죽게 될 송나라 병사들이 전쟁을 막고 돌아온 묵자의 공적과 그에 대한 고마움을 알아보지 못한 것입니다.

▽ 많은 사람에게 혜택이 돌아간다면, 자신의 노력을 남들이 알아주지 않더라도 기분이 좋을 것 같습니다.

부록 1

# 전략가의 기본 자세

> 해서는 안 될 행위가 있습니다.
> 궁지에 놓이더라도 하지 않아야 합니다.

궁지에 놓이더라도 하지 않아야 할 행위가 있습니다.

1. 도둑질, 강도질, 사기 등으로 개인의 재산을 빼앗는 행위
   개인의 재산은 손대지 않아야 하며, 개인이 챙겨야 할 것을 가로채어 자신이 챙겨도 안 됩니다. 개인의 것은 보장해 주고 또 챙겨 주어서, 개인적인 원한을 사지 않아야 합니다.
2. 자립할 수 있는데도 게을러서 구걸하며 연명하는 행위
3. 잘못을 남에게 뒤집어씌우거나, 덮을 수 있는 것을 확대시켜 많은 사람을 물고 들어가는 행위
4. 생계에 지장을 주거나, 인격적인 모욕 등으로 남의 가슴에 못을 박는 행위

다음과 같은 행위는 정당한 행위입니다. 비겁하게 보이더라도 주위에 있는 사람들이 충분히 이해할 것입니다.

1. 목숨이 위태로운 상황이어서 도망하는(물러서는) 행위
2. 강자와 협상할 때 고개를 숙이고 예의를 지키는 행위
3. 갈 곳이 없어 일시적으로 강자에게 붙어 연명하는 행위

▽ 궁하더라도 훔치지 않아야 할 것이 있고, 배가 고프더라도 입에 넣지 않아야 할 것이 있습니다.

> 고고한 자세는 곤란합니다.
> 주위에 적응하여 함께 살아가야 합니다.

    정승 정도의 자리를 얻어 볼까 해서 유세하며 떠돌아다니던 공자가 63세 되던 해에 진(陳)나라로 가려다가 길을 잃었습니다. 나루터를 찾지 못한 것입니다. 마침 길가의 밭에서 밭을 갈고 있는 농부들이 보이기에, 공자는 자신의 제자를 보내어 길을 묻게 했습니다.

    길을 묻는 공자의 제자에게 한 사람이 "천하의 공자도 모르는 것이 있습니까?"라고 빈정거렸습니다.

    두 번째 사람이 "천하는 어디를 가더라도 어지럽기만 합니다. 세상을 바로잡기는 틀렸습니다. 공자도 이제 그만 쉬는 게 좋을 겁니다. 댁도 이제는 (사람을 고르고 가려 가면서) 떠돌아다니고 있는 공자를 쫓아다니기보다는, (세상을 가려서) 세상을 피해 살아가는 편이 나을 겁니다"라고 했습니다.

    이야기를 전해 들은 공자는 다음과 같이 말했습니다.

    "나는 인간이다. 인간인 이상 인간들과 함께 살아갈 수밖에 없다. 또, 그들은 천하가 무도하기 때문에 천하를 바로잡을 수 없다고 하지만, 나는 천하가 무도하기 때문에 천하를 바로잡을 가치가 있다고 생각한다."

    공자는 그 후에도 넓은 중국을 여기저기 떠돌아다녔지만, 그를 등용해 준 왕은 없었습니다. (등용되지 못할 때마다 공자는 요리조리 말을 만들어 댔습니다. 주된 핑계는, 자기가 차인 것이 아니라, 왕의 인품이 못돼 먹어 왕이 제안한 자리를 자기가 일부러 마다했다는 것입니다.)

▽ 냉철히 생각해 보면, 공자와 두 농부는 인간 사회에서 실패하기는 마찬가지인 사람들입니다. 열심히 뛰어다녔지만 자리를 얻지 못하고 떠도는 공자나, 아예 일찌감치 포기하고 농사를 지으며 살아가던 그들이나, 현실에 적응하지 못했기는 마찬가지입니다.

▽ 자기 자신의 수준을 주위 사람들의 수준에 맞추어 그들과 함께 살아가려고 노력해야 합니다. 그렇지 않고 공자 식으로 남들을 가르치려고 하거나, 자기가 원하는 대로 세상을 고치려고 들면 실패하여 고난을 겪거나 외톨이가 됩니다. (사람들은 잔소리 듣는 것을 죽음만큼 싫어합니다. 공자의 잔소리를 듣지 않더라도 먹고사는 데 지장이 없는 사람들에게는, 공자가 말하는 훈계조의 목소리가 들려온다는 것 자체가 무척 고통스러운 일입니다.)

> 인정에 이끌리면 안 됩니다.
> 무너지는 담장을 떠받치면 안 됩니다.

약자가 강자에게서 혼나는 경우를 볼 수 있습니다. 이럴 때 약자가 불쌍해 보인다고 해서 약자를 두둔하거나, 약자의 편에 서면 안 됩니다. 내막을 알고 보면 약자가 강자에게 나쁜 짓을 해서 혼나는 경우도 제법 많습니다. 사정을 정확하게 알지 못하면서 인정에 이끌려 함부로 나서는 일이 없어야 합니다.

옆에 있는 사람이 돈 문제 등으로 다른 사람으로부터 추궁당하거나 위협받는 경우가 있습니다. 이럴 때 인정에 이끌려 보증을 서 주면 틀림없이 발목을 잡힙니다. 어떤 경우는 위협하는 사람과 추궁당하는 사람이 서로 짜고 연극하는 경우도 있습니다. 돈 문제, 책임 문제 등은 개인이 직접 해결하도록 내버려 두어야 합니다.

▽ 무너지는 담장을 떠받치려고 하면 안 됩니다. 담장이 무너질 것처럼 보이면 피해야 합니다. 혹시 담장이 무너져서 그것을 떠받치던 옆 사람이 깔리더라도, 자신은 피해 있어서 온전하게 존재하고 있어야 깔린 사람에게 따듯한 밥을 한 끼라도 제공할 수 있습니다.

> 감정을 나타내지 않아야 합니다.
> 일관된 모습이어야 합니다.

남에게 지기 싫어하고, 또, 약점 잡히기를 싫어하는 꼿꼿한 사람이 있었습니다. 그의 성은 최씨였습니다. 그가 하도 그런 식으로 행동하니까, 주위에서 그를 골려 주려고 했습니다. 그래서 술을 잘 마시는 세 사람이 모여 그에게 술을 먹여 실수하게 만들기로 모의했습니다. 그들의 성은 모두 김씨였습니다.

세 사람은 날을 잡아 술동이를 메고 최 씨의 집으로 찾아갔습니다. 세 사람은 사전에 모의한 대로 한 사람이 한 잔을 마실 때마다 최 씨에게 각기 한 잔을 권했습니다. 그러니까 최 씨는 그들 개인보다 세 배로 마셨습니다.

술을 아무리 먹여도 최 씨는 표정이 조금도 변하지 않았습니다. 도리어 술을 권한 세 사람이 쓰러졌습니다. 한참이 지난 후 세 사람이 술에서 깨어나 최 씨를 바라보니까, 그는 술상 앞에 무표정하게 앉아 있었습니다. 세 사람은 자기들보다 술을 세 배나 마시고도 그대로 앉아 있는 그를 보고는 기겁해서 인사도 하지 못하고 도망 나왔습니다.

나중에 알고 보니까, 최 씨는 술을 너무 마셔서 앉아서 죽은 상태였습니다. 세 사람은 그가 이미 죽었는지도 모르고, 그의 무표정함에 놀라 도망한 것입니다.

위의 이야기가 '살아 있는 김 씨 셋이 죽은 최 씨 한 사람을 당해 내지 못한다'는 이야기의 유래입니다. 인간의 내면은 모두가 비슷한 것이 사실이지만, 자신의 감정을 외부로 나타내지 않으면 남들과 다른 사람으로 보여서 남들이 어려워한다는 의미의 이야기입니다.

▽ 사람을 대할 때 필수적인 요소는 자신감과 품위, 상대방을 존중하는 온화한 자세 등이 유연하게 어우러진 모습입니다. 이는 선천적으로 타고난 품성에서 우러나와야 가능한 것이지만, 후천적으로도 노력할 필요가 있다고 생각합니다.

▽ 첫 장에 기술한 것처럼, 물과 같은 자세와 태도를 취해야 합니다. 특별한 사고를 주장하거나 내세우지 않고, 어떤 것을 고집하지도 않으며, 주위에 맞추어 묵묵히 지내는 것입니다. 모든 면에서 '얼마나 넓은지, 얼마나 깊은지'를 남들이 헤아리지 못하게 하여 자신을 어렵게 대하도록 만드는 것이 자신에게 유리합니다.

> 말을 하지 않아야 합니다.
> 말은 불필요한 것입니다.

**【군주의 마음을 읽은 신하의 최후】**

춘추시대 정(鄭)나라의 무공(武公)은 호(胡)나라를 공격하고 싶었습니다. 그래서 자신의 딸을 호나라 왕과 결혼시켰습니다.

어느 날 무공이 신하들을 모아 놓고 "지금 다른 나라를 치려고 하는데, 어느 나라를 쳐야 할 것인가?"라고 물었습니다.

그러자 신하 중에 한 사람이 무공의 뜻을 알아차리고는 "오랑캐인 호를 공격해야 합니다"라고 말했습니다.

그러자 무공은 화를 내면서 "나의 사위가 왕인 나라를 공격하자는 것은 나와 사위 간에 의리를 상하게 하려는 짓이다"라고 말하며 그 신하를 처형했습니다. 위와 같은 이야기가 퍼지자 호나라 사람들은 정나라 무공이 진심으로 자기들과 친하기 때문에 신하를 처형한 줄 알고 방심했습니다. 호나라 사람들이 방심하자, 무공은 그 틈에 호나라를 공격하여 멸망시켰습니다.

▽ 군주의 깊은 속셈까지 모두를 파악하지 못하고, 절반 정도만 파악한 후 경솔하게 나선 신하가 치른 대가는 너무도 큰 것이었습니다.

【친절한 이웃집 노인】

송(宋)나라에 살고 있는 사람의 집 담장이 무너졌습니다.

집주인의 아들이 아버지에게 "오늘 밤에 도둑이 들어올지 모르니 조심해야 합니다"라고 했습니다. 이웃집 노인도 집주인에게 동일한 말을 했습니다. 그런데 바로 그날 밤 그 집에 도둑이 들어와 재물을 훔쳐 갔습니다.

마을 사람들은 집주인의 아들에게 선견지명이 있다고 칭찬했습니다. 그러나 이웃집 노인은 도둑으로 의심받았습니다.

▽ 다른 사람에게 이익이 되는 좋은 내용의 말일지라도 말은 하지 않는 편이 낫습니다. 다른 사람을 위해 말해 준다고 해서 그가 고맙게 생각한다는 보장이 없고, 또 그가 나의 말을 따른다고 해서 나에게 실질적으로 돌아오는 것도 없습니다. 오히려 의심받거나 책임이 자신에게 전가되어 난처한 입장에 빠지게 될 뿐입니다.

> 국가의 주인은 국민입니다.
> 국민이 원하는 것을 해야 합니다.

남극 대륙은 매우 크지만, 사람이 살고 있지 않습니다.

사람이 살고 있지 않기 때문에 국가로 인정받을 수 없어서 세계 각국이 기지를 설치하여 공동으로 개발하고 있습니다.

국가로 인정받으려면 영토, 국민, 주권이 있어야 합니다.

그중 영토와 주권은 국민의 의지로 만들 수 있습니다. 그러나 국민이 없으면 영토가 존재하더라도 남극 대륙처럼 영원히 국가가 될 수 없습니다. 국가의 기본은 국민입니다. (국민이 없으면 황제나 대통령도 존재할 수 없습니다. 신도 마찬가지입니다. 존재할 수 없습니다.)

▽ 모든 일은 국가의 주인인 국민에게 이익이 가는 방향으로 추진해서 그들로부터 지지를 받아야 합니다. 개인 혹은 일부를 위한 것이 아닌, 국가의 주인인 국민을 위한다는 대의명분이 명확해야 주위에서 도우려고 하며 또한 방해하려는 사람이 나타나지 못하여 자신이 세운 목표를 달성할 수 있습니다. 대의명분을 명확히 세우는 것은 전략의 기본이자 필수입니다.

> 자기 개인보다 대의를 생각해야 합니다.
> 사소한 욕심을 버려야 합니다.

### 【문경지교(刎頸之交)】

중국 전국시대의 조(趙)나라에는 화씨지벽(和氏之壁)이라는 천하에 제일가는 구슬이 있었습니다.

강대국인 진(秦)나라 왕은 그 구슬이 탐나자 자신의 영토 일부와 그 구슬을 바꾸자고 조나라 왕에게 제안했습니다. 구슬을 빼앗으려는 속셈인 것을 알고 있지만, 힘이 약한 조나라는 어쩔 수 없이 인상여(藺相如)라는 젊은 신하에게 구슬을 지참하게 하고 진나라로 보냈습니다.

예상대로 진나라 왕은 구슬이 자기 손에 들어오자 주겠다던 영토 이야기는 말도 꺼내지 않고 시치미 뗐습니다. 그러자 인상여는 구슬에 흠이 있는 것을 자기가 알고 있다고 하며, 그것을 가르쳐 주겠으니 구슬을 보여 달라고 했습니다.

진나라 왕으로부터 구슬을 넘겨받은 인상여는 진나라 왕을 노려보면서 "약속한 영토를 주지 않으니까, 구슬은 나의 머리와 함께 기둥에 부딪쳐 깨어질 것이다"라고 협박했습니다. 진나라 왕은 구슬이 깨질 것을 염려하여 인상여와 구슬을 조나라로 돌려보냈습니다. 조나라 왕은 너무 기뻐 인상여를 재상으로 임명했습니다.

이때 조나라에는 염파라는 장군이 있었습니다. 염파는 약소한 조나라를 진나라로부터 지키는 데 공로가 큰 장군입니다.

염파는 젊은 인상여가 자기보다 높은 자리인 재상의 지위에 오르자 화가 났습니다. 자기는 목숨을 걸고 전쟁터에 나가 수없이 많이 싸우며 조나라를 지켜 왔는데, 그동안 받은 상이 겨우 구슬 하나를 지킨 인상여가 받은 것보다 못하다고 생각한 것입니다. 그래서 염파는 인상여를 욕도 하고 비난도 했는데, 인상여는 자기가 더 높은 자리에 앉아 있었음에도 불구하고 염파를 피해 다녔습니다. 그러자 주위에서 인상여에게 염파를 피하는 이유를 물어보았습니다.

인상여는 "진나라가 쳐들어오지 못하는 것은 나와 염파 장군이 조나라에 있기 때문인데, 만일 나와 염파 장군이 싸우다가 둘 중에 하나가 죽으면 진나라의 공격을 막지 못할 것 같아 피하고 있다"라고 말했습니다.

이 말을 전해 들은 염파는 가시나무를 베어 등에 짊어지고 인상여를 찾아가 용서를 빌었습니다.

두 사람은 화해하는 자리에서 친구가 되기로 했는데, 사람들은 이를 두고 '문경지교(刎頸之交)'라는 고사성어를 만들었습니다. ('문경지교'는 '자기의 목을 대신 베어 줄 정도로 깊게 사귄다'는 의미입니다.)

## 【진(陳)나라 왕의 욕심】

춘추시대 초기의 이야기입니다.

사소한 욕심이 많은 진나라 왕이 채(蔡)나라로 사냥을 갔습니다. 그런데 거기서 다른 사냥꾼과 시비가 붙었습니다. 다른 사냥꾼이 잡은 짐승을 가로채려 한 것입니다.

사냥꾼은 진나라 왕을 죽이고 말았습니다. 상대방이 누군지 모르지만, 너무도 파렴치하게 행동하니까 화가 나서 죽인 것입니다.

중국의 역사책에는 그 왕을 '진타(陳佗)'라는 별명으로 기록합니다. '진나라의 소인배'라는 뜻으로, 왕으로 편히 살아갈 수 있는데도 사소한 욕심을 부리다가 황당한 죽음을 자초한 그를 그렇게 기록하고 있습니다.

▽ 민중은 항상 쪼들리며 살아갑니다. 먹을 것과 입을 것이 충족되는 경우가 드물고, 잠잘 곳이 마땅치 않은 경우도 많습니다. 그들이 귀한 물건을 지니고 있는 것은, 그들이 평생에 한두 번 정도 누리는 귀한 기회입니다. 어쩌다가 귀한 물건을 손에 지녀 본 것이며, 항상 그런 것을 만지며 살아가고 있는 것이 아닙니다. 그런 각박한 삶을 영위하고 있는 존재가 민중이기에, 그들이 갖고 있는 것을 빼앗으면 안 됩니다. 민중이 지닌 것은 그것이 아무리 탐이 나더라도 결코 빼앗지 않아야 하며, 가능하면 그들에게 더 주거나 그들이 지닌 것을 스스로 지키도록 도와주어야 합니다.

> 절대로 포기하지 않아야 합니다.
> 현실에서는 문장력보다 웅변력이 유리합니다.

중국 전국시대의 전략가인 장의가 출세하기 전 초(楚)나라로 유세하러 갔을 때의 일입니다. 당시 유세객들은 먼 길을 떠돌며 각국의 왕을 찾아다녔고, 자신이 만난 왕이 인정해 주어 등용되면 의식주가 해결되었으나, 그렇지 못하면 여비도 얻지 못하는 경우가 있었습니다. 따라서 장의의 행색은 초라했습니다.

장의가 참석한 초나라의 연회에서 어떤 재상이 구슬을 분실했습니다. 장의는 외국 사람이고, 또 행색이 초라하기 때문에 도둑의 누명을 쓰고 고문당했습니다. 고문을 받으며 죽도록 얻어맞고 반죽음에 이르러서야 석방되었는데, 집에는 들것에 실리다시피 해서 간신히 돌아왔습니다.

그런 남편을 본 장의의 아내는 "돈도 벌어오지 못하면서 쓸데없는 소리만 하고 돌아다니다가 이제는 매까지 얻어맞아 죽게 되었다"라고 하며 슬피 울었습니다. 그때 누워 있던 장의가 "내 혓바닥이 그대로 있는가?"라고 물으며 부인에게 혓바닥을 내밀었습니다. 울던 부인은 기가 막혔지만 "잘 있다"라고 대답해 주었습니다. 장의는 "그러면 되었다"라고 말하며, 아픈 신음 소리를 내면서도 즐거워했습니다. 그리고는 "나는 꼭 성공할거야!"라고 소리쳤습니다.

그 후 장의는 당시 가장 힘이 강한 진(秦)나라 왕을 설득하여 진나라의 재상이 되었습니다. 장의가 진나라의 재상이 되자, 진나라보다 힘이 약한 초나라는 과거에 있었던 '장의의 구슬 사건'으로 많은 괴로움을 당해야 했습니다.

▽ 히틀러는 사람을 움직일 때 효과적인 것은 글보다 웅변이라고 했습니다. 글은 전달 효과가 약하다는 것입니다. 실제로 글을 써서는 뜨는 데 한계가 있습니다. 살아 있을 때 출세하려면 소진과 장의처럼 뛰어난 언변을 갖추어야 합니다. 혹은 히틀러처럼 뛰어난 웅변력을 지녀야 합니다.

▽ 예술가들과 문학가들은 혼신의 힘을 다하여 좋은 작품을 만드는데, 자신이 생존 당시에는 인정받지 못해 가난한 삶을 살다가 죽은 후에 인정받는 사람이 있습니다. 참으로 안타까운 경우입니다.
그런데 예술가들과 문학가들은 자신이 죽더라도 남겨 놓은 아름다운 작품이 있기에 죽은 다음에라도 뜰 수 있지만, 전략가는 자신이 죽고 나면 결코 뜰 수 없습니다. 전략가는 남들과 경쟁하여 이겨야 그 결과에 의해 이름이 남는데, 자신이 죽으면 남들과 경쟁할 수 없기 때문에 이름을 남길 방법이 없습니다. 따라서 전략가는 자신이 살아 있을 때 떠야 합니다. (페이지에 여백이 보이기에 농담으로 기술했습니다.)

> 미래를 위해 준비하고 있어야 합니다.
> 언제든지 합리적인 대안을 내놓아야 합니다.

　제갈량이 유비에게 사람을 추천했습니다. 그런데 제갈량이 추천한 사람은 외모가 너무도 추해서 그의 외모를 본 사람들은 모두가 고개를 돌렸습니다. 유비도 그의 추한 외모만을 보고는 돌려보내려고 하다가, 제갈량의 추천이었기에 마지못해 그를 작은 고을의 현령으로 채용했습니다. 그 사람이 방통(龐統)입니다.

　작은 고을로 부임한 방통은 일은 하지 않고 매일 술만 마셨고, 그 소문이 유비의 귀에까지 들렸습니다. 유비는 장비를 불러 방통의 소문이 진실인지를 확인하고, 소문이 맞는다면 그 자리에서 방통을 처형하라고 지시했습니다. 방통이 있는 곳에 도착한 장비는 대낮인데도 불구하고 술에 취해 있는 방통을 발견했습니다. 장비가 화를 내자 방통은 아랫사람에게 그동안 밀렸던 서류를 가져오라고 했습니다. 그리고는 장비가 보는 앞에서 업무를 처리하는데 놀라운 실력을 보여 주었습니다. 방통의 능력을 직접 눈으로 확인한 장비는 감탄한 나머지 방통에게 인사를 올리고 유비에게 돌아와 자기가 보았던 사실을 전했습니다.

　유비는 그제야 방통이 훌륭한 인물임을 알아채고 방통을 제갈량과 동일한 직위인 군사로 등용했습니다.

> 사소한 모욕은 참아야 합니다.
> 통이 커야 하고, 미래를 보아야 합니다.

유방을 도와 항우를 멸망시키고 한나라를 세우는 데 기여한 장군 한신(韓信, ?-BC196)은 밥을 빌어먹던 걸인이었습니다. 언젠가 냇가에서 빨래하던 아낙네가 그의 행색을 보고는 너무도 불쌍해 보여서 자기가 먹기 위해 준비해 왔던 밥을 나누어 주자 한신은 '출세하면 갚겠다'라고 했는데, 그 여인은 '자기가 먹을 밥도 챙기지 못하는 주제에 헛소리한다'라고 응수했습니다.

어느 날 한신이 시장 거리에서 불량배들과 마주쳤습니다. 불량배들은 한신에게 "너는 덩치도 크고 큰 칼을 차고 있으나 겁쟁이일 것이다. 겁쟁이가 아니라면 그 칼로 우리를 찔러 봐라. 그렇지 않으면 우리의 바짓가랑이 밑으로 기어가라"라고 했습니다. 한신은 물끄러미 서 있다가 그들의 바짓가랑이 밑으로 기어 지나갔습니다. 그 후 사람들은 한신을 겁쟁이라고 놀렸습니다.

유방의 밑에서 대장군으로 출세한 한신이 고향을 방문하자, 그에게 모욕을 주었던 사람들은 한신이 자신을 죽일 줄로 알고 벌벌 떨었습니다. 그러나 한신은 아무런 내색도 하지 않고 그들에게 돈까지 나누어 주었습니다. (한신은 냇가에서 자신에게 밥을 나누어 준 그 아낙네에 대한 고마움을 자신이 죽는 순간까지 잊지 않았다고 합니다.)

부록 2

# 병서와 전략서를 남긴 전략가들

## ▣ 강태공(姜太公): 『육도(六韜)』

강태공(BC 11세기경)의 본명은 강상(姜尙)입니다. 조상이 여(呂)나라 제후였으므로, 여상(呂尙)이라고도 부릅니다.

강태공은 낚시하며 세월을 보낸 사람으로 알려져 있는데, 그의 낚싯바늘은 구부러져 있는 것이 아니라 보통 바늘처럼 펴진 것이었다고 합니다. 물고기를 잡으려고 한 것이 아니라 사색을 통해 자신을 수양하고 있었던 것입니다. 강태공은 집안을 돌보지 않고 낚시를 하면서 자신의 수양에만 노력을 기울였기 때문에, 가난에 지친 부인이 집을 나가 버렸습니다. 그러나 강태공은 개의치 않고 자신의 수양에만 정진했습니다.

어느 날 은(殷)나라의 제후인 서백(西伯, 후에 주(周)나라의 문왕)이 사냥하러 나갔다가 위수라는 강가에 이르러 보니 보통 사람 같지 않은 사람이 낚시를 하고 있었습니다.

서백은 그 사람에게 많은 질문을 했지만, 그 사람은 막힘없이 대답했습니다. 서백은 그 사람에게 도와달라고 부탁하여 그를 데리고 궁전으로 돌아왔습니다. 그가 바로 강태공입니다. 그때 강태공의 나이는 70살이 넘었습니다. (『육도』는 주나라 문왕(서백)과 그의 뒤를 이은 무왕이 각기 강태공과 대화한 내용을 대화 형식으로 기술해 놓은 병서입니다.)

서백이 죽자 강태공은 서백의 뒤를 이어 제후가 된 서백의 아들(무왕)에게 '나라의 근본은 백성들이므로, 백성들의 삶을 위해 통치해야 한다'라고 하며 열심히 도왔습니다.

당시 중국을 다스리던 은(殷)나라의 주(紂)왕은 포악했고, 게다가 달기(妲己)라는 여자의 음탕함에 빠져 실정을 거듭하고 있었습니다. 서백의 아들은 포악한 주왕을 몰아내기 위해 군사를 일으켰는데, 목야(牧野)라는 곳에서 5만 명의 군사로 주왕의 70만 명이 넘는 군사와 대치했습니다. 이때 주왕의 군사들은 싸울 마음이 없었습니다. 학정에 시달리고 있었기 때문에 적이 빨리 공격해 오기만을 기다리고 있었습니다. 한시라도 빨리 항복하기 위해서입니다.

서백의 아들은 그 전투에서 승리한 후 은나라를 멸하고 주(周)나라를 건국했습니다.

주나라를 건국하고 무왕이 된 서백의 아들은 산동 반도 근처의 땅을 제(齊)나라로 명명한 후 강태공을 제후(왕)로 봉했습니다.

강태공은 제나라로 부임하기 위해 길을 가고 있었는데, 강태공의 일행 앞에 어떤 노파가 엎드리며 길을 막았습니다. 오래전 집을 나간 강태공의 부인입니다. 부인이 '함께 데려가 달라'라고 부탁하니, 강태공은 옆에서 수행하는 사람에게 항아리에 물을 담아 오게 했습니다. 물을 담아 오자 강태공은 항아리에 들어 있는 물을 땅에 쏟아붓게 하고는, 그 물을 부인이 다시 담으면 데리고 가겠다고 부인에게 말했습니다. 부인은 울면서 물러섰습니다.

이 이야기가 '엎질러진 물'이라는 이야기입니다. 강태공은 참으로 비정한 사람입니다. (전략을 전문으로 하는 사람은 결과를 중시하기 때문에, 인간미가 부족하고 비정한 면이 많습니다.)

▽ 주(周)나라의 문왕(서백)은 점술을 좋아했습니다. 그는 당시 역(易)의 8괘를 확대하여 오늘날의 64괘로 만들었습니다. 그것이 주나라의 역, 즉 오늘날의 주역(周易)입니다.
문왕이 사냥을 떠나기 전 점치는 사람에게 물었더니 '위양(渭陽, 위수의 강가)에 가면 용도 아니고, 이무기도 아니고, 호랑이도 아니고, 곰도 아닌 훌륭한 인물을 얻을 것이다'는 점괘가 나왔습니다. 점괘를 얻은 문왕은 일부러 위양으로 갔는데, 거기서 만난 사람이 강태공입니다.

▽ 강태공이 왕으로 부임한 제(齊)나라는 그의 자손들에 의해 전국시대 말기까지 존속합니다. (전국시대 말기에 이르러 사마양저의 후손인 전화(田和)가 쿠데타로 강태공의 후손을 몰아내고 나라를 빼앗았으나, 국호는 진시황에게 멸망당할 때까지 제나라로 유지했습니다.)

▽ 전 세계에서 가장 오래된 병서는 중국의 전설 속에 나오는 삼황오제 중 한 사람인 황제(黃帝)가 지은 병서라고 합니다. 황제의 병서는 후세에 많은 영향을 주었다고 하나 전해지지 않습니다. 그래서 강태공의 『육도』가 현존하는 가장 오래된 병서로 인정받고 있습니다. 『육도』는 「문도(文韜)」, 「무도(武韜)」, 「용도(龍韜)」, 「호도(虎韜)」, 「표도(豹韜)」, 「견도(犬韜)」의 6권, 총 60편으로 이루어져 있습니다. 핵심 사상은 '천하를 얻으려면 모든 백성들의 마음을 얻어야 한다'입니다. 당나라 태종 때 전략가인 이정은 『손자병법』을 포함하여 다른 모든 병서에 대해서는 비판을 조금씩 가했지만, 『육도』에 대해서는 '깊은 내용을 담았다'는 식으로 평했습니다. 『육도』는 그만큼 뛰어난 내용의 병서입니다.

### ■ 손무, 손빈, 조조: 『손자병법(孫子兵法)』

『손자병법』의 저자는 손무(孫武, 연대 미상, BC 5세기경), 혹은 그의 후손인 손빈(孫臏)이라고 하는데, 최근 발굴된 한(漢)나라 말기의 고분에서 종전과 다른 내용의 『손자병법』이 발견되었다고 합니다. 그래서 지금까지 알려져 있는 『손자병법』은 손무가 지은 병법이고, 새로이 발견된 것은 손빈의 작품이 아닌가 하고 추정하는 사람들도 있습니다.

요즘 읽혀지고 있는 『손자병법』은 후세로 내려오면서 많이 개작되었다는 것이 정설인데, 개작한 사람 중에 대표적인 인물이 조조라고 합니다. 문학에도 조예가 깊었던 조조는 당시 존재하던 『손자병법』들을 모두 모아 중복되는 부분을 없애고 내용을 구분하여 지금의 13편, 한 권으로 정리했다고 합니다.

손무는 실전에서 뛰었던 전략가라기보다 은둔한 사람이었고, 조조는 삼국지를 통해 충분히 알려진 인물입니다. 따라서 여기서는 손빈에 관한 이야기를 하겠습니다.

손빈은 제(齊)나라 출신인데, 친구인 방연(龐涓)과 함께 병법을 익히고 그와 함께 위(魏)나라로 가서 혜왕(惠王, 재위 BC371-BC335)의 밑에서 일했습니다.

그런데 손빈과 절친한 방연이 손빈을 모함하여 손빈은 두 다리가 잘리고 얼굴에 문신이 새겨지는 벌을 받은 후 감옥에 갇혔습니다. 손빈의 뛰어남을 시샘한 방연이 간첩 누명을 씌운 것입니다.

위기에 몰린 손빈은 일부러 미친 사람처럼 행동했는데, 미쳤다는 이유로 감옥에서 풀려났습니다. 풀려난 손빈은 사신으로 온 제나라 사람의 도움을 받아 제나라로 탈출하는 데 성공했습니다. 제나라로 탈출한 손빈은 제나라 위왕(威王, 재위 BC356-BC319)에게 발탁되었고, 방연이 지휘하는 위나라 군대가 공격해 오자 이를 방어하라는 임무를 받았습니다.

손빈은 막다른 계곡을 찾아서 그곳에 있는 커다란 나무의 껍질을 병사들에게 벗기게 하고 거기에 '방연, 여기에서 죽다'라고 크게 써 놓았습니다. 또한 위나라 군사들과 대치하자, 그 나무 밑에 방연이 야간에 도착할 수 있도록 계산하고, 거기에 맞추어 속도를 조절하며 후퇴를 계속했습니다. 후퇴하면서 병사들이 먹는 밥 짓는 아궁이의 숫자를 급격히 줄였습니다. 병사들의 숫자가 줄어드는 것처럼 보이기 위해서입니다. 후퇴하는 제나라 군사들이 머물고 있던 곳에 밥 짓는 아궁이의 숫자가 급격히 줄어드는 것을 본 방연은 이 기회에 손빈을 죽이겠다는 생각을 하고 추격을 계속했습니다.

손빈을 추격하던 방연은 한밤중에 계곡의 막다른 곳에 이르렀는데, 허연 것이 어둠 속에 서 있었습니다. 방연은 그것이 무엇인지 확인하기 위해 횃불을 들고 다가갔고, 이때 주위에 매복해 있던 제나라 군사들이 횃불을 향해 화살을 일제히 쏘았습니다. 전투 중 한밤중에 횃불을 들 수 있을 정도의 권한을 지닌 자는 지휘관인 방연밖에 없을 것이므로, 횃불 든 자를 표적으로 집중 사격을 가한 것입니다.

제나라 군사들이 쏜 화살을 무수히 맞은 방연은 그 자리에서 죽었습니다.

▽ 『손자병법』은 13편으로 구성되어 있으며, 전략을 공부하는 사람이 필수적으로 읽는 병서입니다.

### ■ 사마양저(司馬穰苴): 『사마법(司馬法)』

사마양저는 BC 500년경 활동하던 제(齊)나라 사람으로 성은 전(田)이며, 본명은 양저(穰苴)입니다. 천민이었으나 공을 세운 후 국방장관과 비슷한 격인 '사마(司馬)'의 자리에 올랐기 때문에 그를 사마양저라고 부릅니다.

제나라 경공(景公, 재위 BC548-BC490)은 능력만을 보고 천민인 전양저를 발탁했지만, 이 때문에 제나라에 커다란 문제가 발생합니다. 전양저가 사마의 자리에 오른 후 전양저의 집안은 급격히 비대해져서 그의 손자 대에 이르러서는 왕의 세력을 능가하여 전상(田常)이라는 자는 왕을 시해(BC481)한 후 자기가 마음에 드는 사람을 골라 왕으로 앉혔습니다. 그의 후손인 전화(田和)는 아예 왕을 내쫓고 자신이 왕이 되었습니다(BC386). 전양저의 후손이 제나라를 손아귀에 넣고 휘두르다가 강태공의 후손을 몰아내고 왕위를 빼앗은 것입니다.

사마양저가 지은 병서인 『사마법(司馬法)』은 그의 후손들이 보완 발전시켜 132편이나 되었다고 합니다. 그러나 현존하는 것은 5편입니다. 내용의 중점은 '통치자와 군사 지휘자의 청렴함과 솔선수범'입니다. 또한 '애국심'입니다.

### ■ 오기(吳起):『오자병법(吳子兵法)』

오기(吳起, ?-BC381)는 위(衛)나라 사람인데,『오자병법』은 손무의『손자병법』과 더불어 병서의 대명사처럼 불리지만, 오기는 전쟁에 참여하느라고 시간이 없어서 병서를 직접 쓰지 못했습니다.『오자병법』은 그의 사후에 그의 전략 사상이 사장될 것을 안타까워한 주위 사람들이 그의 언행을 기억하여 글로 남긴 것입니다. (오기는 일생 동안 70여 회나 전쟁에 참가했는데, 거의 모두 승리했으며 패한 적은 없습니다.)

오기는 성격이 모진 데다가 이중적인 면이 많아 사람들이 그를 피했다고 합니다. 오기의 비정한 행동과, 그와는 판이하게 부하를 아꼈던 모습은 매우 유명한 이야기입니다.

오기에 관한 첫 번째 이야기는, 그가 유가(儒家)에서 파문당한 이야기입니다.

오기는 부유한 집안에서 태어나 방탕한 생활을 하다가 살인을 저지르고 도피하게 되었는데, 집을 떠날 때 어머니에게 작별 인사를 고하면서 "출세하지 않으면 돌아오지 않겠다"라고 했습니다. 그의 어머니는 "꼭 출세한 다음에 돌아오라"라고 답했습니다. 집을 떠난 오기는 유가의 유명한 학자인 증자(曾子)의 밑에 들어가 공부했는데, 공부하던 도중에 그의 어머니가 세상을 떠났습니다. 그런데 오기는 어머니의 상을 치르기 위해 집에 가지 않았습니다. "출세하지 않으면 돌아오지 않겠다"라고 어머니에게 말한 약속을 지켜야 한다는 것이 이유입니다.

이 사건으로 오기는 증자로부터 파문당했습니다. 효(孝)를 중시하는 사상을 지닌 유가의 거두 중 한 사람인 증자가 그런 오기의 행동을 묵인하고 넘어가 줄 리 없었습니다.

두 번째는, 자신의 아내를 죽인 이야기입니다.
오기가 노(魯)나라에서 일하고 있을 때, 제(齊)나라가 공격해 왔습니다. 오기는 출전하여 실력을 발휘하고 공을 세우고 싶었지만, 자기 부인이 제나라 출신이기 때문에 왕이 자신을 장군으로 임명해 줄 것 같지 않았습니다. 그러자 오기는 자기 부인을 죽여 부인의 목을 왕에게 바치는 비정한 짓을 저질렀습니다. 제나라에 대한 증오심과 적대감을 그런 식으로 왕에게 보인 것입니다.
덕분에 오기는 장군으로 임명되어 출전하고 공을 세웠지만, 왕은 비정한 그를 미워했습니다. (오기는 그 사건 후 독신으로 살았다고 합니다. 젊은 시절 한순간의 잘못된 판단으로 저지른 실수를 가슴에 안고 평생을 살아갔을 오기의 가슴속은 항상 고통으로 채워져 있었을 것입니다.)

세 번째는, 입으로 부하의 고름을 빨아 준 이야기입니다.
오기는 부하를 사랑하는 모습을 부하들에게 보이기 위해 애썼습니다. 밥도 부하들과 함께 먹고, 잠도 함께 잤는데, 몸에 종기가 생겨 목숨이 위태로운 지경에 처한 병사가 있다는 보고를 받았습니다. 오기는 그 병사를 찾아가 병사의 환부에 자신의 입을 대고 고름을 빨아내어 치료되도록 해 주었습니다.

소식을 들은 그 병사의 어머니는 땅을 치며 통곡했습니다.

그 이유는, 그 병사의 아버지도 종기가 났을 때 오기가 입으로 고름을 빨아 주어 치료가 되었는데, 거기에 감격하여 오기를 위해 열심히 싸우다가 전사했다는 것입니다. 아들도 오기를 위해 물불을 가리지 않고 싸울 것이므로, 이제 죽은 것과 다름이 없어 통곡한다는 것입니다. (당시는 귀족과 천민을 구분하던 시대인데, 귀족이자 최고 사령관인 오기가 천민인 병사의 몸에 입을 대고 고름을 빨아냈다는 것은 엄청난 배려입니다.)

네 번째는, 오기가 살해당한 후 복수한 이야기입니다.

오기는 부하를 끔찍이 아끼고 사랑했지만, 부패한 대신과 왕족은 틈이 있을 때마다 왕에게 고하여 처형당하게 만들었습니다. 이에 적을 많이 만든 오기는 한곳에 머물지 못하고 떠돌다가 초(楚)나라로 갔는데, 초나라의 도왕(悼王, 재위 BC402-BC381)으로부터 신임을 받았습니다.

그런데 도왕이 죽자 대신들이 오기를 죽이기 위해 반란을 일으켰습니다. 오기 때문에 많은 대신과 왕족이 처형당했기 때문에, 오기에게 보복하기 위해서입니다. 자신을 죽이려는 대신들이 몰려오자, 오기는 죽은 도왕의 시신이 모셔져 있는 방으로 뛰어들어가 왕의 시신 옆에 엎드렸습니다.

반란을 일으킨 대신들은 왕의 시신이 모셔져 있는 방이라 무기를 들고 들어갈 수 없게 되자, 오기를 죽이기 위해 무수히 많은 화살을 쏘아댔습니다. 이에 오기도 화살에 맞아 죽었지만, 왕의 시신에도 많은 화살이 꽂혔습니다.

도왕의 뒤를 이어 즉위한 숙왕(肅王, 재위 BC381-BC 370)은 죽은 도왕의 아들인데, 즉위 후 가만히 생각해 보니까 죽은 아버지의 시신에 화살을 꽂은 대신들이 괘씸했습니다. 그래서 숙왕은 당시 활을 쏜 대신들을 모두 찾아 처형했습니다. 이때 처형당한 대신들의 숫자가 70이 넘었다고 합니다.

▽ 오기는 힘없는 백성과 자신의 부하에 대해서는 애정과 인의로 대했지만, 대신과 왕족에 대해서는 잔혹한 모습을 보였습니다. 아마 젊은 시절에 유학의 거두인 증자에게서 배운 백성에 대한 인의의 사상, 게다가 대부분의 삶을 전쟁터에서 보냈기에 자로 잰 듯한 행동 양식, 사리사욕과 관계없는 전쟁터에서의 청렴한 생활 습관 등이 마음속에 혼재되어 있기 때문일 것입니다. (그가 살아온 환경이 그의 성격을 반듯하면서도 모질게 만들었을 것입니다.)

▽ 「오자병법」은 「제1 도국(圖國)」, 「제2 요적(料敵)」, 「제3 치병(治兵)」, 「제4 논장(論將)」, 「제5 응변(應變)」, 「제6 여사(勵士)」 등 6개의 편으로 구성되어 있습니다. 각 편의 제목과 기술된 내용이 꼭 일치하지는 않지만, 책의 전반적인 내용은 위에 기술된 그의 평소 행동과 각 편의 제목을 보면 이해할 수 있을 것입니다.

### ■ 울료(尉繚): 『울료자(尉繚子)』

울료(尉繚)(우리나라의 발음은 '위료', BC 3세기경)는 전국시대 말기에 존재한 사람으로 추정되나 그에 대한 기록은 뚜렷하지 않습니다. 사마천의 『사기』에 울료라는 병법가가 거론되며 '진시황이 불렀으나 진시황이 포악한 인물임을 알고 피했다'는 기록이 있는데, 그와 동일 인물인지는 알 수 없습니다. 그래서 은둔했던 선비, 혹은 이론형 병법가 등으로 추정하고 있습니다.

울료는 당시 존재하던 병서들을 종합하여 좋은 내용을 뽑아 기술하고 그에 대한 해설을 실었습니다. 모두 24편의 방대한 양의 병서입니다.

제자백가적인 사상 분류에 있어 『울료자』는 법가적인 성격을 갖고 있습니다. 부하들에 대한 처벌을 강조하고, 부하들을 법으로 다스려야 한다는 개념입니다. 전술적인 측면에서는 공격보다 방어에 중점을 두고 있습니다. 『오자병법』은 공격에 중점을 두었는데, 이와는 반대입니다.

▽ 『울료자(尉繚子)』에는 부하에 대한 기강 확립과 함께 부하에 대한 너그러움을 요구하고 있습니다. 그가 언급한 기강 확립이란 부하를 각박하게 대하는 것이 아니고, 용감한 군인으로 만들어야 한다는 것입니다. 사적으로는 어린 그들을 보살펴 주어야 한다는 의미입니다.

## ▣ 장량(張良): 『삼략(三略)』

장량(張良)은 『삼국지』에 등장하는 제갈량보다 더 존경받는 인물입니다. 실제로 제갈량은 중국을 통일시키지 못했지만, 장량은 유방을 도와 항우를 멸하고 중국을 통일(BC202)시켜 한(漢)나라가 건국될 수 있도록 했습니다. 제갈량과는 달리, 장량은 목표를 달성한 성공한 전략가입니다.

원래 유방은 항우의 적수가 되지 못했습니다. 유방의 부하는 항우의 부하보다 용맹성에서 뒤졌고, 항우의 밑에는 범증이라는 뛰어난 전략가가 있었지만 유방을 돕는 전략가는 없었습니다. 그래서 유방은 패전을 거듭했고, 목숨이 위태로운 적이 한두 번이 아니었습니다.

그런데 항우가 범증을 중용하고 장량을 중용하지 않자, 항우의 밑에 있던 장량은 항우로부터 도주하여 유방의 밑으로 들어갔습니다. 게다가 범증이 항우로부터 쫓겨나자, 장량의 도움을 받는 유방이 승기를 잡았습니다.

모든 전략가가 그러했지만, 특히 장량은 심리전에 능했습니다. 항우의 군사들이 전의를 상실하게 하기 위해 한나라 군사들로 하여금 야간에 초나라 군사들의 고향 노래를 부르게 했던 것은 장량의 전략입니다. ('사면초가(四面楚歌)'라는 고사성어입니다.)

▽ 『삼략』은 장량이 젊었을 때 이교(圯橋)라는 다리 위를 지나다가 어떤 노인으로부터 받은 병서라고 합니다. 장량은 병서를 건네준 노인의 뒤를 밟았는데, 노인이 갑자기 사라지고 그 자리에는 누런 바위가 있었다고 합니다. 그래서 『삼략』의 저자를 '황석공(黃石公)'이라고 언급하는 분이 간혹 있습니다.

▽ 『삼략』은 「상략(上略)」, 「중략(中略)」, 「하략(下略)」으로 구성되어 있고, 병가 7서 중 가장 간결한 문장과 적은 분량으로 구성되어 있는 병서입니다. 강태공의 『육도』와 통하는 면이 많아 이 둘을 합해 『육도삼략』이라고 부릅니다.


## ■ 이정(李靖): 『이위공문대(李衛公問對)』

이정(李靖, AD571-AD649)은 수(隋)나라 사람이었으나 당(唐)태종 이세민에게 포로로 잡힌 후 능력을 인정받아 당나라에 등용되었습니다. 이정은 나이가 70살이 넘어서까지 변방으로 출전하여 공을 세운 실전 병법가인데, 그런 공로로 말년에 위국공(衛國公)으로 봉해졌습니다. (병서의 이름이 『이위공문대(李衛公問對)』가 된 것은 그가 위국공으로 봉해졌기 때문입니다.)

『이위공문대』는 당태종과 이정이 함께 앉아 질의하고 응답한 내용을 문답식으로 기록해 놓은 병서로, 주로 『손자병법』의 '기(奇, 변칙, 속임수, 기습 등)'와 '정(正, 정석, 정면 공격)'에 관한 내용입니다. 그 외에,

중국 역대 병서의 장단점, 중국 역사에 있었던 전사 등을 분석하여 두 사람이 자신의 관점을 밝히며 대화한 내용입니다.

『이위공문대』에 기술되어 있는 이정의 사상은 어떤 것을 고집하거나 배척하지 않고, 매우 현실적이고 유연합니다. 중국의 병가 7서에 관심 있는 분들에게 가장 먼저 읽으시도록 권하고 싶은 병서입니다.

『이위공문대』는 「문대상(問對上)」, 「문대중(問對中)」, 「문대하(問對下)」의 세 부분으로 구성되어 있습니다.

### ▣ 조미니(Antonie Henrie Jomini)

조미니(Antonie Henrie Jomini, 1779-1869)는 스위스에서 태어났으나 나폴레옹을 위해 일하기도 했고, 러시아 군에서도 근무한 적이 있는 직업 군인입니다.

조미니가 활동하던 시대의 유럽 국가들은 대부분 용병 제도를 채택했기 때문에, 군인들은 국가관이나 애국심보다 돈을 더 많이 주는 나라를 택하여 근무했습니다. 게다가 돈을 주지 않으면 적이 눈앞에 와 있어도 싸우지 않고 피신했습니다. 돈을 추구한 사람들이기 때문에 전쟁을 해도 사상자는 별로 없었고, 전쟁이 싱겁게 끝나는 경우가 대부분입니다.

그런데 나폴레옹이 출현하자 양상이 달라졌습니다. 나폴레옹은 용병제를 폐지하고 징병제를 채택했습니다. 애국심으로 무장된 젊은 병사들로 군대를 채워 전쟁터에서 악착같이 싸우게 했습니다. 이에 프랑스군은 연전연승의 승리를 거두었습니다.

 징병제를 채택한 나폴레옹의 성공을 본 각국은 나폴레옹처럼 징병제를 채택하여 병사들에게 애국심을 갖고 싸우게 했습니다. 따라서 전쟁은 치열하게 전개되었고, 국가 간의 총력전 양상이 되었습니다. 게다가 산업혁명을 통하여 무기의 파괴 성능은 빠른 속도로 향상되었습니다. 인명 손실이 엄청나게 커졌습니다.

 이에 조미니는 '전쟁은 제한된 목적으로 사용해야 한다'는 이론을 전개했습니다. 국가 간의 총력전 양상과 발달된 무기로 인해 전쟁이 조직적인 살인 행위처럼 변해 가고 있기 때문에, 전쟁을 제한하고 정치적인 해결을 우선해야 한다는 이론을 제시한 것입니다.

 조미니는 전쟁의 목적에 대해 언급하면서 '전쟁의 목적은 적의 섬멸보다는 적의 영토 점령'이라고 했습니다. 식민지 확장에 열을 올리던 당시 유럽의 분위기와 연계된 사고이며, 인명 살상을 최소화해야 한다는 자신의 철학이기도 합니다.

 조미니는 전술에 가까운 전쟁술을 발전시켰는데, 작전 지역 내에서의 실전 문제들을 주로 다루면서 공격 우위론을 펼쳤습니다. 나폴레옹처럼 결정적인 지점에 병력을 집중시켜 기선을 잡고, 모여 있는 적을 분산시킨 후 각개 격파해야 한다는 것입니다.

 거기에 부가하여 그는 '전쟁의 원칙'을 정리해 놓았습니다. 병력 집중의 원칙, 기동의 원칙 등 전술적인 원칙들입니다.

조미니가 발전시키고 전개해 놓은 이론과 용어는 후세의 전략가들에게 많은 영향을 주었습니다. 따라서 다음에 기술할 클라우제비츠와 함께 조미니는 서양을 대표하는 전략가로 인정받고 있습니다. (조미니는 '전략(Strategy)'이라는 용어가 확산되게 하는 등, 전략과 관련하여 업적이 큰 사람입니다.)

## ▣ 클라우제비츠(Carl Von Clausewitz): 『전쟁론(On War)』

클라우제비츠는 서양을 대표하는 전략 이론가로 프로이센(현재의 독일, 이후 독일로 기술) 사람입니다.

클리우제비츠는 '물질은 칼의 집이고, 정신은 칼의 시퍼런 날'이라는 명언을 남겼는데, 이는 전쟁을 수행하는 본질을 꿰뚫어 표현해 놓은 유명한 이야기입니다. 또한 이 이야기는 『전쟁론』을 전개한 근본 개념이기도 합니다.

1780년 독일의 베를린에서 태어나 베를린 육군사관학교를 졸업한 클라우제비츠가 생존하던 당시의 독일은 별로 강대한 국가가 아니었습니다. 따라서 나폴레옹에게 형편없이 패할 수밖에 없었고, 클라우제비츠는 육군사관학교를 입학(1801)하기 전인 13세 때 라인 전역에 참전(1793-1794)했다가 나폴레옹의 포로가 되는 수모를 당했습니다. 이에 그는 조국인 독일을 위해 평생을 바쳐 『전쟁론』의 원고를 작성했습니다. 그러나 원고를 정리하지 못하고 콜레라에 감염되어 사망했고, 그가 남긴 방대한 양의 유고(遺稿)는 독일군 당국의 지원을 받은 그의 부인에 의해 정리되어 책으로 발간되었습니다.

『전쟁론』이 뛰어난 전략서로 평가받는 이유는 전쟁의 정의, 전쟁의 원인, 정치(외교)와 전쟁, 정치와 군의 관계 등에 대한 개념이 제시되어 있기 때문입니다. 『전쟁론』 이전에는 이 부분에 대하여 그 정도로 명확한 개념을 제시해 놓은 전략서가 없습니다.

『전쟁론』에 기술된 바에 의하면 군은 정치의 도구이며, 전쟁은 정치의 수단 혹은 정치의 변형된 형태입니다. 또, 전쟁의 목표는 상대방의 의지를 꺾고 아군의 의지를 관철시키기 위해 유리한 협상의 위치에 서는 것입니다. 따라서 전쟁은 상호 간 이익을 나누기 위한 협상이 원만히 이루어지지 않을 때 정치의 변형된 형태로 수행되는 무력의 충돌이며, 목표는 상대방의 의지를 꺾는 것입니다.

▽ 『전쟁론』의 근원이 되는 사고는 '전쟁의 승패를 좌우하는 것은 무기가 아닌 의지'라는 것입니다. 매우 간단해 보이지만, 『전쟁론』은 그 개념을 근간으로 이론을 정립시켰습니다.

클라우제비츠가 염두에 두었던 이론은 '적의 의지(意志)가 말살되지 않는 한 전쟁은 끝난 것이 아니기 때문에, 전투는 쉽게 끝날 수 있지만 전쟁은 쉽게 끝나지 않는다'는 것입니다. 실제로 한두 번의 전투에서 졌다고 해서 전쟁을 영원히 포기하는 경우는 없습니다. 따라서 적의 의지를 박탈하기 위해서는 결전과 힘(폭력)의 무제한적인 발휘가 필요하다고 기술했습니다.

▽ 철학서도 그렇지만, 서양의 전략서는 작성하는 방법에서 동양의 병서와 차이가 있습니다. 동양의 병서는 글자에 포괄적인 의미를 담고 있어서 읽는 사람이 나름대로 사고할 수 있는 여지가 있습니다.

그러나 서양의 전략서는 각 의미에 적합한 용어를 명확하게 골라서 사용하여 글을 정리해 놓았습니다. 따라서 서양의 전략서에는 다양한 용어가 기술되어 있습니다. 클라우제비츠의 『전쟁론』도 그렇습니다. 용어의 사용이 화려하다고 표현하고 싶을 정도입니다.

## ◼ 앙드레 보프르(Andre Beaufre): 『전략론 서설(An Introduction to Strategy)』

앙드레 보프르는 프랑스의 직업 군인이었고, 제2차 세계대전에 참전하였으며, 프랑스의 전략연구소장을 역임한 전략 이론가입니다. 『전략론 서설』에는 핵무기가 발명된 이후 핵전략과 핵무기에 의한 억제에 따른 전략이 기술되어 있습니다.

앙드레 보프르는 핵무기가 발달함으로서 대규모 병력을 동원하여 전쟁하던 시대는 지났고, 앞으로는 모두가 자신의 이익만을 교묘히 취해가는 전략을 구사할 것이라고 했습니다. 전쟁을 하더라도 상대방이 핵무기를 사용하기 직전까지만 하고 협상해 버리는 식의 전쟁을 할 것이라는 이론입니다.

위와 같은 사고를 바탕으로 작성된 그의 『전략론 서설』에는 핵무기와 관련된 전략과, 핵무기의 억제력하에서 전개될 게릴라전과 국지전 등에 관한 내용이 기술되어 있습니다.

▽ 『전략론 서설(An Introduction to Strategy)』에 기술된 '간접전략(Indirect Strategy)'은 주위의 여건을 상대방에게 불리하게 만들어 놓음으로써 행동의 자유(Freedom of Action)를 빼앗아 놓은 후, 상대방이 스스로 무너지게 한다는 전략입니다.

간접전략의 세부 전략으로 외부책략(Exterior Manoeuvre)과 내부책략(Interior Manoeuvre)이 있는데, 내부책략에는 침식 방법(Piecemeal Method)과 단편적 방법(Enervation Method)이 있습니다. 정치·외교적인 방법을 사용하는 외부책략으로 적을 고립시킨 후 게릴라전과 같은 침식 방법을 써서, 적이 혼란스러울 때 조금씩 잘라서 취해야 한다는 것입니다.

▽ 앙드레 보프르의 전략 사상은 결전을 피하고 간접적으로 접근해 가는 '간접전략(間接戰略)'입니다. 클라우제비츠의 '결전사상(決戰思想)'과 정반대의 개념입니다.

## ▣ 리델 하트(Liddell Hart): 『전략론(A strategy of the world)』

리델 하트(Liddell Hart, 1895-1970)는 런던에서 태어나 제1차 세계대전에 참전하여 부상을 입기도 했는데, 전역 후 주로 신문 기자와 군사 통신원으로 근무했습니다.

리델 하트는 독일의 공격으로 영국이 피해를 입는 상황을 두 번이나 지켜보았습니다. 그래서인지 『전략론』 중 1개의 장을 할애하여 독일이 채택했던 클라우제비츠의 군사와 국가의 관계에 대한 이론, 전쟁의 목적 등을 비판했습니다. 독일의 전략가들과 장교들이 클라우제비츠의 군국주의적인 이론을 맹목적으로 받아들였기 때문에 무제한적인 폭력을 동반한 세계대전이 두 번이나 발발했다는 것이 그의 주장입니다.

리델 하트는 '간접적 접근'이라는 용어를 만들었는데, 이는 (직접 타격이 아닌) 우회하여 교란으로 적의 물질적·심리적 균형을 무너트리는 전략을 말합니다. 클라우제비츠의 결전사상과 반대의 개념이며, 앙드레 보프르의 간접전략과 유사한 개념입니다.

리델 하트는 문민 통제라는 민주주의 체제하에서의 전략과 대전략 이론을 정립했습니다. 제2차 세계대전 당시 일본과 독일의 군국주의체제를 비판하는 내용이기도 합니다.

1. 군은 민간인 통치자의 지시를 따라야 하며, 국가의 정책 목표를 달성하기 위한 수단을 제공하는 역할만 해야 한다.
2. 국가의 정책 목표는 군사와 비군사(민간) 분야가 모두 합쳐져야 이루어질 수 있는데, 군사를 위해 비군사(민간) 분야가 희생되어서는 안 된다.

리델 하트는 대전략 이론 말미에 자신이 생각하는 진정한 전승의 의미를 기술했습니다. "전쟁 전보다 전후의 평화 상태, 그것도 국민들의 평화 상태가 좋아지는 것이 진정한 의미의 전승"이라는 글입니다.